Enquête au pays des antivax

Dr Olivier Jourdain

Enquête au pays des antivax

PLON
www.plon.fr

92, avenue de France
75013 Paris
Tél. : 01 44 16 09 00
Fax : 01 44 16 09 01
www.plon.fr
www.lisez.com

Dépôt légal : mai 2021
ISBN : 978-2-259-30674-4
Mise en pages : Graphic Hainaut

À Nathalie
À Alice, Arthur, Antoine
Sans vous rien ne serait possible

Prologue

«*The greatest enemy of knowledge is not ignorance, it is the illusion of knowledge*[1].»

La France est le pays où la résistance vaccinale est la plus élevée au monde. Dans le pays de Louis Pasteur, pionnier de la microbiologie et éminent découvreur du vaccin contre la rage, et de Philippe Maupas, inventeur du premier vaccin contre l'hépatite B, on peut être étonné d'une telle observation.

Jeune étudiant en médecine à Tours, berceau de la découverte du vaccin de l'hépatite B justement par Philippe Maupas et Alain Goudeau, je fus enrôlé en 1982 dans une cohorte de volontaires participant à un essai clinique pour ce nouveau vaccin qui deviendrait le

1. «Le plus grand ennemi de la connaissance n'est pas l'ignorance, c'est l'illusion de la connaissance.» Citation souvent attribuée à Stephen Hawking en 2001; ce dicton a été, préalablement et dans des versions différentes, utilisé par Daniel J. Boorstin; https://quoteinvestigator.com/2016/07/20/knowledge

premier à prévenir certains cancers. À titre personnel, j'étais donc concerné par les rumeurs de l'époque sur d'éventuels effets secondaires et je commençais à m'intéresser à la question. Ce même Alain Goudeau fut par la suite un de mes conférenciers d'internat.

Au même moment, l'équipe d'Harald zur Hausen découvrait le papillomavirus (HPV), ce qui lui vaudrait en 2008 le prix Nobel de médecine. C'est là que mon attention fut attirée sur cette découverte par le professeur Jacques Lansac, en cours magistral. Visionnaire s'il en est, il deviendrait l'un de mes principaux mentors en orientant ma carrière vers la chirurgie gynécologique et l'obstétrique.

Les travaux sur ce nouveau virus allaient progresser rapidement, et bientôt son rôle dans la genèse du cancer fut détaillé au point d'attribuer à HPV la responsabilité de tous les cancers du col, puis ceux de la vulve, du vagin, de l'anus et, enfin, de certains cancers ORL.

Plus tard, dans mon exercice quotidien, la prise en charge des patientes touchées par des pathologies induites par HPV est hélas devenue habituelle. L'arrivée d'un vaccin mis sur le marché en France en 2006 retint immédiatement mon attention. Chirurgien de formation, j'ai dû rapidement me former à la vaccinologie et réviser mes connaissances de virologie, un peu rouillées par un exercice quotidien éloigné de ces préoccupations plus fondamentales.

Lors de la mise en place de la campagne vaccinale contre HPV, j'organisai conférences, congrès et formations diverses dans le but de diffuser l'information sur cette prévention primaire reconnue aujourd'hui dans le monde entier comme efficace contre le cancer du col de l'utérus.

Cela dit, au fil du temps, les difficultés rencontrées par l'ensemble de mes collègues et moi-même ne furent plus celles de la science mais plutôt celles de la résistance antivaccinale, phénomène sociologique peu familier aux médecins de terrain.

Les contre-vérités affluant sur les réseaux sociaux, la communication de nos instances sanitaires pas toujours audible et/ou mal comprise déstabilise tout autant les médecins et les professionnels du soin en général que le grand public. L'OMS a d'ailleurs souligné le risque de cette résistance à la vaccination comme une des dix menaces majeures de la santé dans le monde[1].

C'est ainsi que, sous la pression amicale de collègues médecins, je me décidais à investiguer et à analyser ce phénomène pour comprendre et agir, au sujet de l'HPV bien sûr, cible privilégiée, mais aussi de l'ensemble des vaccins. Le rappel de l'Histoire, souvent méconnue sur ce sujet, est, comme toujours, nécessaire pour comprendre le présent. Les travaux de sociologie, d'épidémiologie, de psychologie, souvent de haut niveau, sont peu médiatisés et peu connus du monde médical. Ils doivent donc être mis en lumière pour expliquer l'hésitation vaccinale. Les réseaux sociaux, en facilitant la diffusion de la désinformation, ont accompagné une remise en cause de la science elle-même. C'est ainsi

1. https://www.who.int/fr/emergencies/ten-threats-to-global-health-in-2019

que, comme le souligne Étienne Klein[1], « les vérités scientifiques sont devenues fragiles dans nos sociétés démocratiques ».

Ce travail s'adresse humblement au public, aux patients mais aussi aux professionnels du soin. C'est le témoignage d'une volonté d'apporter un éclairage sur les mécanismes qui déterminent le mouvement antivax, depuis le simple scepticisme jusqu'à l'opposition idéologique.

1. Klein É., *Le Goût du vrai*, Gallimard, coll. « Tracts », 2020.

1

Au cours de l'Histoire...

L'analyse de l'Histoire est un préalable indispensable à la compréhension de ce phénomène sociologique qu'est l'antivaccinisme. Depuis l'an 283 avant Facebook (soit l'année 1721), où lady Montagu a importé la variolisation (inoculation volontaire de la variole, prélevée sur un sujet malade) en Europe, jusqu'aux débordements d'informations circulant sur les réseaux sociaux à propos du Covid-19 en 2020, quelle évolution ! Mais, à y regarder de près, n'y aurait-il pas des similarités entre les époques ? Le mouvement antivax du XVIIIe siècle a-t-il un rapport avec ce que nous observons aujourd'hui au XXIe ? C'est avec ce regard que nous visiterons le passé. L'histoire de la vaccination a été l'objet de nombreux travaux. Il n'est pas ici question de refaire un travail encyclopédique comme la très exhaustive *Histoire des vaccinations* d'Hervé Bazin[1] ou le remarquable *Antivax. La Résistance aux vaccins du XVIIIe siècle à nos jours*, de

1. Bazin H., *L'Histoire des vaccinations*, John Libbey Eurotext, 2008.

Françoise Salvadori et Laurent-Henri Vignaud[1]. Il s'agit simplement de souligner les analogies historiques entre la résistance à la vaccination du passé et celle que nous observons de nos jours pour mieux comprendre le phénomène actuel.

Lady Mary Wortley Montagu

Revenons en 1721, près de trois siècles avant l'apparition des réseaux sociaux. Lady Mary Wortley Montagu est la femme d'un diplomate anglais, ambassadeur en poste à Constantinople. Touchée elle-même par la variole qui lui a laissé quelques cicatrices disgracieuses, elle a déjà perdu plusieurs membres de sa famille à cause de ce virus encore inconnu.

Cette femme aristocrate, indépendante et curieuse pourrait être qualifiée aujourd'hui d'« intellectuelle ». À l'époque, parmi ses correspondants, on remarque un certain Alexander Pope, grand poète anglais, et l'abbé Conti, physicien, mathématicien et philosophe italien des Lumières. La curiosité de lady Montagu est reconnue par tous. Ses écrits[2], souvent légers, décrivent dans le détail la société aristocratique du XVIIIe siècle de l'Orient et du bassin méditerranéen. Les descriptions sont précises et concernent tout autant les vêtements en

1. Salvadori F., Vignaud L. H., *Antivax. La Résistance aux vaccins du XVIIIe siècle à nos jours*, Vendémiaires, 2019.

2. Lady Mary Wortley Montagu, *Je ne mens pas autant que les autres voyageurs. Lettres choisies, 1716-1718*, Petite Bibliothèque Payot, 2008.

vogue dans les cours européennes qu'elle fréquente que les coutumes locales qu'elle explore. Sa correspondance, très abondante et parfois futile, pourrait aujourd'hui faire d'elle une « influenceuse », mais cela serait sans compter sur sa justesse et son intelligence qui en font un témoignage historique passionnant.

Dans une lettre à Mrs. Sarah Chiswell, une de ses amies d'enfance, datée du 1er avril 1717, elle évoque l'épidémie de peste en Turquie, la jugeant moins effrayante que ce que la rumeur rapporte en Occident. La petite vérole, en revanche, est omniprésente en Orient. Ironie du sort macabre, Sarah Chiswell décédera de la variole dix ans plus tard, laissant son amie dans un profond chagrin.

Craignant que l'épidémie ne touche ses enfants, lady Wortley Montagu réfléchit à les protéger en utilisant la technique de l'« inoculation ». Cette méthode est véhiculée par les femmes qui « arrivent avec une coquille de noix pleine de la matière d'une petite vérole de la meilleure qualité et vous demandent où vous préférez qu'elles vous ouvrent les veines ». Il s'agit d'une simple injection, et c'est Emmanuel Timony, médecin de Constantinople, qui en modifiera la technique pour lui substituer une incision que nous qualifierions aujourd'hui de scarification. Cette façon de faire, plus « chirurgicale », sera associée à de plus nombreuses complications. Notre aristocrate n'obtiendra toutefois pas sa disparition.

Même si Lady Montagu ne le reconnaît pas, cette variolisation est associée à un taux de mortalité significatif (environ 1 %). Cependant, la contamination de la variole par voie sanguine se révèle beaucoup moins grave que par voie aérienne. Elle fait ainsi inoculer son fils de 6 ans dès 1718 à Constantinople par le médecin de l'ambassade, Charles Maitland, sans solliciter l'avis de son mari. Il ne s'agit pas là d'une vaccination au sens propre du terme, mais, à l'heure où la notion même de virus n'existe pas encore, et après le succès de la procédure appliquée à son fils, cette femme projette de promouvoir cette technique en Europe. Sa proximité des cercles du pouvoir lui permet d'espérer toucher les responsables qui l'aideront dans son action.

Après son retour à Londres, le 12 mai 1721 elle fait pratiquer cette inoculation à sa fille Mary, âgée de 3 ans, en présence de plusieurs médecins de la cour royale. Pour ce faire, elle fait appel à Maitland, revenu lui aussi à Londres. Peu enthousiaste, il finit par procéder à l'inoculation, non sans avoir soulevé le problème de la responsabilité en cas d'incident. Le médecin ou les parents sont-ils responsables ? À cette époque, ce sont clairement les parents qui prennent la décision, mais on voit que cette interrogation demeure très actuelle.

Le roi George Ier est intéressé par l'événement, et surtout sa fille Caroline, princesse de Galles, qui entretient de longue date une correspondance assidue avec lady Montagu. Plusieurs essais sont alors effectués sur des criminels condamnés à mort, puis rapidement la famille royale se fait inoculer lors de cette même année 1721. La technique est ensuite diffusée peu à peu avec cependant quelques accidents entraînant, entre autres, le décès du fils du comte de Sunderland. À partir de 1760, Daniel Sutton va perfectionner la méthode, abandonnant la scarification pour revenir à une technique d'injection dans un environnement hygiénique plus strict. Les complications liées à l'injection deviennent plus rares, faisant bientôt les affaires de toute la famille Sutton qui variolisera plus de 70 000 personnes[1].

Une résistance à l'inoculation apparaît

Dès 1722 apparaît une opposition à l'inoculation. Il ne s'agit pas encore du mouvement antivax, tel que nommé assez récemment, mais bien de groupes « anti-inoculistes ».

La résistance est d'abord scientifique, sous la plume de Legard Sparham, chirurgien, puis de William Wagstaffe, médecin, qui dénoncent un phénomène de mode au sein de l'aristocratie anglaise et l'absence de certitudes sur le devenir des patients inoculés. La science de l'époque est fragile, et ces oppositions peuvent s'exprimer sans difficulté, les arguments objectifs étant encore très pauvres.

Cette résistance est également religieuse. Le révérend Edmund Massey qualifie la méthode de « diabolique, fondée ni sur les lois de la nature ni sur celles de la religion ». C'est le début, avant l'heure, des théories naturalistes et malthusianistes sur lesquelles nous reviendrons. Dans ces sermons apparaît également le rapport à l'islam : « Nous avons vu, et nous voyons encore

---

1. Moulin A.-M., *L'Aventure de la vaccination*, Librairie Arthème Fayard, 1996.

aujourd'hui des bigots et des vieilles femmes qui crient contre cette pratique [l'inoculation] parce qu'elle vient du Pays des Infidèles, comme si avec la petite vérole on inoculait aussi le Mahométisme[1]. »

Ce ne sont que les prémices, mais ces oppositions sont annonciatrices des résistances religieuses qui se développeront et s'affirmeront par la suite.

En 1755, le Royal College of Physicians est obligé de publier un démenti au sujet d'une rumeur circulant en France et suggérant un nombre important de décès à la suite d'inoculations sur plusieurs « personnes londoniennes de qualité ». La lutte des institutions sanitaires contre la rumeur est déjà en place ! Depuis l'Angleterre, la technique va se répandre dans toute l'Europe, et en France en particulier.

L'inoculation en France

Nous sommes au siècle des Lumières, lady Montagu est en contact avec différents cercles intellectuels, les grandes cours européennes s'intéressent au sujet. Voltaire publie en 1727 un manifeste pour la technique de l'inoculation dans sa Lettre philosophique XI « Sur l'insertion de la petite vérole[2] ». Il y écrit : « Sur cent personnes dans le monde, soixante au moins ont la petite vérole ; de ces soixante, dix en meurent dans les années les plus

1. Bazin H., *L'Histoire des vaccinations*, *op. cit.*

2. Voltaire, *Lettres philosophiques*, Lettre XI, Garnier, 1879, p. 111- 116.

favorables, et dix en conservent pour toujours de fâcheux restes. Voilà donc la cinquième partie des hommes que cette maladie tue ou enlaidit sûrement. »

Le philosophe est d'autant plus concerné qu'il a été touché par la maladie en 1723. Il expose ce qui ne s'appelle pas encore l'immunité : un individu touché par la petite vérole n'a pratiquement aucun risque, s'il survit, d'être touché à nouveau. Il cite lady Montagu, à qui il rend hommage, et fréquente une société de Twickenham où il côtoie, entre autres, Alexander Pope. L'inoculation va-t-elle devenir un des combats des Lumières[1] ?

De nombreux scientifiques, en tête desquels Charles Marie de La Condamine, vont promouvoir très activement la variolisation. Prudent, il sollicite le soutien de l'Église en amont de cette promotion, ce qui lui évitera toute attaque sur le plan religieux. L'opposition viendra du Dr Cantwell, médecin d'origine irlandaise exerçant à Paris. Celui-ci soulève, non sans raison, le risque de contamination de maladies infectieuses diverses lors des procédures d'inoculation. D'Alembert, quant à lui, mathématicien de renom et favorable à l'inoculation, souligne l'intérêt collectif indéniable de la variolisation en comparaison avec l'intérêt individuel de l'injection, qui, rappelons-le, est responsable d'environ 1 % de mortalité. La discussion sur le caractère altruiste de la méthode choisie est lancée. L'opposition entre intérêt individuel et intérêt collectif est là.

---

1. Droit R.-P., « Rescapé de la variole, Voltaire défend, parmi les premiers, l'inoculation », *Le Monde*, 30 juillet 2020.

Parmi ces scientifiques, on remarque le mathématicien Daniel Bernoulli s'essayant à des calculs qui préfigurent les statistiques épidémiologiques. Il écrit ainsi, dans le *Mercure de France* en avril 1760, que l'espérance de vie à la naissance d'un enfant non inoculé est de 11 ans et demi alors que celle d'un inoculé augmente jusqu'à 25 ans et demi. La santé publique s'invite dans le débat.

La mort de Louis XV et la variolisation de la famille royale de France

L'épidémie de rougeole de 1712 sous le règne de Louis XIV décime la famille royale, et seul son arrière-petit-fils, Louis, duc d'Anjou, en réchappe. Il deviendra le roi Louis XV dans une époque marquée par les épidémies. La variole est endémique à cette période. Toute sa vie, le souverain refusera la variolisation, alors que cette pratique est désormais largement répandue dans de nombreuses cours européennes. Son règne s'achèvera dans un contexte de forte impopularité.

Le 26 avril 1774, il commence à ressentir les premiers symptômes de la maladie. L'origine de la contagion fait débat, et les historiens semblent partagés. Officiellement, on évoque une rencontre fortuite avec un convoi funéraire entourant le cercueil d'une jeune fille décédée de la variole. Le roi aurait croisé ce convoi lors d'une partie de chasse à cheval. Une autre hypothèse suggère qu'il se serait contaminé lors d'une entrevue avec une jeune courtisane. En effet, Louis XV était connu pour sa vie de débauche. Quoi qu'il en soit, il décède après une longue agonie le 10 mai 1774. Ses obsèques seront expéditives pour éviter toute nouvelle contamination.

Après le décès du souverain, la famille royale décide de se faire inoculer en commençant par le nouveau jeune roi. C'est ensuite le tour du comte de Provence, futur Louis XVIII, puis du comte d'Artois, futur Charles X, et de la comtesse d'Artois. Marie-Antoinette avait, quant à elle, été inoculée dès 1768 sur ordre de sa mère l'impératrice-reine d'Autriche, Marie-Thérèse de Habsbourg. L'inoculation entraînant une maladie variolique, les patients sont placés en confinement et leur état est surveillé. Des bulletins de santé de la famille royale sont placardés partout en France[1]. Le rapport de l'inoculation royale indique : «La famille royale, persuadée enfin par l'évidence des faits les plus authentiques et les plus multipliés, qu'il n'existait qu'un moyen de se mettre désormais en sûreté contre les malheurs qui la menaçaient encore de toute part, prit tout à coup, seule et sans impulsion étrangère, le parti courageux de recourir à l'inoculation.» Il semble en réalité que la décision n'ait pas été prise aussi facilement. L'événement est suivi dans toute la France.

Bien loin de Paris, au même moment, le 23 octobre 1768, à Saint-Pétersbourg, la grande Catherine II de Russie se fait inoculer[2]. Le tsar Pierre II est mort de la

1. https://histoire-image.org/fr/etudes/louis-xvi-inoculation-variole-quatre-bulletins-sante-royaux-24-25-26-29-juin-1774
2. https://www.mos.ru/news/item/62002073

variole en 1730 à l'âge de 14 ans. L'épidémie est prégnante dans cette région du monde. L'impératrice fait venir d'Angleterre Thomas Dimsdale, médecin connu pour ses publications sur l'inoculation. Il prélève du pus variolique sur le jeune Sasha Markov, 6 ans. Informée des risques d'échec, l'impératrice a ordonné de préparer une équipe de chevaux de poste pour que le médecin puisse quitter le pays de toute urgence et éviter ainsi un lynchage. Au bout de six jours, elle commence à présenter quelques symptômes, fièvre, malaise, et elle se retire à Tsarskoïe Selo, palais proche de Saint-Pétersbourg. Heureusement, elle se remet en quelques jours. De nombreux aristocrates se font alors varioliser.

Pendant la période de confinement suivant l'inoculation, elle ordonne de publier une description de sa maladie, « afin que d'autres, utilisant les mêmes moyens, se protègent commodément des dangers ». Par la suite, une médaille commémorant l'événement est frappée pour être décernée aux médecins russes inoculateurs. Elle fait écrire par le chorégraphe Gasparo Angiolini un ballet : *La Défaite des préjugés* (*Pobezhdennyi Pedrassudok*), allégorie de la science terrassant la superstition[1].

Au XVIIIe siècle, en France comme en Russie, l'enjeu de l'inoculation et des résistances éventuelles est un sujet politique. Les outils de communication de l'époque sont mis en œuvre par les souverains eux-mêmes pour convaincre la population de la légitimité de la variolisation.

---

1. Levitt M. C., *The Visual Dominant in the Eighteen-Century Russia*, Northern Illinois University Press, 2011.

Avec le temps, la technique évolue. À l'inoculation d'un virus vivant pathogène va se substituer une autre technique : la «vaccine», inventée outre-Manche par un chirurgien écossais : Edward Jenner.

Edward Jenner, ou le commencement de la vaccination

Cette méthode, première vaccination moderne, sera fondatrice de la vaccinologie moderne.

Ce chirurgien écossais, sans autre titre, pratique l'inoculation qu'il a lui-même subie à l'âge de huit ans[1]. Il exerce dans des territoires ruraux et constate que certains individus semblent protégés de la petite vérole. Il observe que l'inoculation n'a aucun effet sur ceux qui ont été atteints par le cowpox, infection courante chez les jeunes filles qui traient les vaches infectées. Le cowpox (ou vaccine) est surnommé «vérole de la vache». C'est une maladie bénigne proche de la variole qui produit des ulcérations sur les mamelles et entraîne une diminution de la production de lait. Certains objectent alors que le cowpox ne protège pas à tous les coups de la variole. En effet, la contamination à l'homme à un stade avancé de la maladie bovine ne protège pas alors que, au stade précoce, c'est le cas. Jenner expérimente dès 1796 l'inoculation du cowpox à l'homme en utilisant une technique proche de la variolisation. Il prélève

1. Bazin H., *L'Histoire des vaccinations*, *op. cit.*

du pus sur des humains infectés par ce virus bovin pour l'inoculer à d'autres n'ayant encore jamais rencontré le virus. C'est ainsi que, le 14 mai 1796, il utilise un inoculum (échantillon contenant des germes et destiné à être inoculé) pour protéger le jeune James Phipps. Ce garçon, fils d'un ouvrier travaillant chez Jenner, bénéficiera de l'injection d'un prélèvement réalisé chez une fille de ferme des environs touchée par le cowpox. L'inoculation de cette maladie nommée vaccine est dès lors appelée « vaccination », terme qui perdurera jusqu'à nos jours. Cette maladie ne présente aucun risque de contagion interhumaine. La protection induite sera vérifiée par Jenner qui testera l'efficacité de sa méthode par des inoculations qui se révéleront sans conséquence. Le terme va perdurer, permettant d'élargir le champ lexical, puis le sens en sera encore étendu à la protection contre les maladies infectieuses pour lesquelles on dispose d'un vaccin.

Jenner publie sa méthode en 1798, et la clarté de ses descriptions permet à la technique de se répandre. La matière première devient facilement accessible, le prélèvement de pus se faisant de bras à bras, évitant ainsi le recours aux bovins, moins facilement disponibles. Le transport de la vaccine *in vivo* rend ainsi la logistique des campagnes vaccinales plus facile.

Des critiques apparaissent très vite. Pearson, inoculateur convaincu et très actif, craignant la concurrence de la vaccination arriver, propose d'utiliser plutôt le « grease » du cheval, équivalent équin de la vaccine. Puis William Woodville, médecin au Smallpox and Inoculation de Londres, préfiguration du futur St Pancras Hospital, contredit les résultats de la technique en affirmant que la vaccine présente autant d'effets secondaires graves que la variolisation. Mais devant le succès croissant de l'utilisation du virus bovin, ces praticiens deviendront rapidement des partisans de la vaccination jennérienne. Woodville travaillera par la suite d'arrache-pied pour la vulgarisation de la vaccination[1].

En 1800, plus de 1 000 personnes sont ainsi vaccinées au Royaume-Uni, 100 000 en 1801, année où l'utilisation de la vaccine devient significative en France. Fait notable à l'époque, dans notre pays, les Églises catholique et protestante soutiennent sans réserve la méthode, probablement sous la pression de l'Empire, fortement impliqué dans la campagne.

Des questions restent en suspens et l'Académie des sciences de Paris propose en 1842 un concours bien doté pour répondre à des interrogations essentielles :

– Quelle est la durée de la protection vaccinale ?

– Y a-t-il un intérêt à vacciner à plusieurs reprises une même personne ?

– Existe-t-il un affaiblissement de l'efficacité du vaccin passant de bras en bras ? C'est, en substance, la future question de l'inactivation de la souche vaccinale.

Ces points fondamentaux seront par la suite soulevés pour de nombreux vaccins. La science du XIXe siècle, avec ses moyens, se pose déjà les questions qui animeront à l'avenir ce qui deviendra la vaccinologie.

1. Moulin A.-M., *L'Aventure de la vaccination*, *op. cit.*

Mais, ce n'est pas tout, la vaccine rencontre également le problème de la contamination des prélèvements vaccinaux. Au sein même de l'Académie de médecine à Paris, des cas de syphilis surviennent après vaccination et, si l'agent bactériologique de cette infection n'est pas encore connu, la sélection des individus vaccinifères (sur qui on prélève les échantillons utilisés pour la vaccination) intrigue, et la contamination de ces échantillons par d'autres germes interroge. La vaccine animale évitera les prélèvements d'origine humaine et apportera la solution à ces syphilis postvaccinales.

Détail symbolique et prédicteur de l'avenir, Gillray, caricaturiste anglais, publie, en 1802, un dessin reprenant les propos du Dr Rowley, opposant célèbre à la vaccine : « Les humains vaccinés risqueraient de se transformer en bovins au moins pour certaines parties de leur corps[1] ! » C'est la thèse de la « minautorisation ». Une des premières *fake news* antivax est née, et on constate que les questions actuelles sont déjà posées à l'époque de Jenner, dès le début du XIXe siècle.

Certaines interrogations pertinentes permettent à la science de progresser, d'autres plus stériles sont balayées par la gravité de l'épidémie de variole, en tout cas, devant les résultats de la vaccination, l'inoculation recule inéluctablement.

La variole touche au XVIIIe toutes les classes sociales, mais l'inoculation est une pratique de l'aristocratie et des gens aisés. L'amélioration des conditions d'hygiène et l'isolement des personnes infectées au XIXe siècle

1. https://www.britishmuseum.org/collection/object/P_1868-0808-7035

modifient la sociologie de la variole. Les pauvres deviennent un réservoir de germes et le besoin d'une campagne de vaccination de masse se fait sentir ; c'est alors qu'on organise des vaccinations gratuites, mais le système de vaccination universelle ne sera pas en place avant la fin du XIXe siècle – ce siècle sera celui de l'avènement de la vaccinologie. Pasteur va révolutionner cette science et structurer pour la première fois une équipe, un institut, une méthode qui deviendront pérennes. Le temps des intuitions géniales, telles que celle de Jenner, est révolu.

Louis Pasteur

Louis Pasteur est né en 1822. Il n'est ni médecin ni vétérinaire. Chimiste de formation, ses recherches initiales portent sur la cristallographie, les levures qui font le bon vin et les bactéries qui l'altèrent. Il s'intéresse à l'hygiène, invente la « pasteurisation », expérimente des techniques visant à l'éradication de maladies infectieuses de la poule, du porc, du ver à soie... Son parcours scientifique est très vite célèbre. De nombreuses biographies le relatent et décrivent son génie, mélange d'intuition et de travail[1].

Ce n'est qu'en 1880 qu'il s'intéresse à la rage. Le choix peut paraître surprenant, la maladie n'est pas très répandue. Quelques dizaines à quelques centaines de morts par an en France. Chiffre difficile à contrôler,

1. Trotereau J., *Pasteur*, Gallimard, coll. « Folio », 2008.

la maladie étant souvent cachée. La rage est en effet très spectaculaire par les symptômes qu'elle déclenche et exerce une véritable fascination sur la population. En outre, la contamination rabique, connue pour être mortelle, fait craindre la morsure de chiens errants, nombreux à l'époque.

Il travaille alors avec Charles Chamberland, Louis Thuillier, Émile Roux, ses collaborateurs, et Pierre Victor Galtier, professeur de médecine vétérinaire qui cultive le virus de la rage sur des animaux. La méthode de l'atténuation virale par cultures successives du virus commence à montrer son efficacité chez l'animal en induisant une immunisation. Il décide en juillet 1885 de tester la méthode chez l'homme en l'appliquant au jeune Joseph Meister, âgé de 9 ans, qui est dans un état critique après une morsure de chien enragé. L'histoire est célèbre : quelques jours plus tard, le jeune garçon guérit après treize inoculations, comme Jean-Baptiste Jupille, 15 ans, traité de la même manière peu de temps après[1].

L'information circule rapidement, et les candidats au traitement pastorien se pressent par centaines dès 1886.

Cependant, des polémiques apparaissent dès le début.

Le Dr Michel Peter, porte-parole de l'Académie de médecine, évoque la rareté de la maladie suggérant que de nombreux patients traités par Pasteur ne sont probablement pas véritablement contaminés par le virus rabique. Mais l'épidémiologie de l'époque est encore balbutiante.

1. Bazin H., *L'Histoire des vaccinations*, *op. cit.*

L'opposition scientifique s'organise, et Pasteur est accusé d'avoir inoculé la rage à des patients simplement mordus, sans exposition au virus correspondant. C'est le cas de Jules Rouyer qui décède de la rage après avoir été traité sans qu'on sache si l'enfant a véritablement contracté la maladie après la morsure animale ou s'il a été victime de l'inoculation pastorienne[1].

Michel Peter est un adversaire habituel de Pasteur qu'il connaît de longue date. Professeur à l'hôpital Necker, il a déjà affronté le chimiste au sujet de la vaccination anticharbonneuse. Le charbon, maladie infectieuse du mouton qui peut contaminer l'être humain, a été l'objet de travaux de recherche de Pasteur. Il a imaginé à cette occasion un processus qui aboutira à la conception d'un vaccin atténué. Ses travaux sont présentés à l'Académie de médecine. Auguste Lutaud, qui en est membre, dénonce « la dépossession des cliniciens de leurs prérogatives au profit des chimistes[2] ». Ses remarques, pour certaines, sont recevables. Les statistiques de la rage présentées par Pasteur sont contestables, et le diagnostic chez l'animal repose sur l'inoculation de salive de l'animal suspect à un autre animal sain dont on surveillera l'évolution. Autant dire que la confirmation très tardive du diagnostic n'est pas compatible avec un diagnostic rapide et une décision thérapeutique dans des délais acceptables et cohérents avec l'évolution clinique

1. Demeulenaere-Douyère C., *Louis Pasteur et les antivaccinateurs : les polémiques autour du traitement antirabique (1886-1887), in* Michel Woronoff, *Savant et société aux XIXe et XXe siècles*, université de Franche-Comté, 1996.

2. *Ibid.*

de la maladie. Rappelons que, si le concept de virus existe déjà à l'époque, le premier virus ne sera observé en microscopie électronique qu'après 1930.

Concernant l'affaire de l'enfant Rouyer, Pasteur est innocenté après une autopsie falsifiée qui indique à tort que l'enfant est décédé d'une insuffisance rénale. Cette affaire ne fait pas honneur aux pastoriens, toutefois l'évolution des vaccins antirabiques vers une meilleure tolérance fait oublier la polémique.

Par ailleurs, une opposition politique se met également en marche.

Pasteur est un homme de l'Empire, il est fortement soutenu par l'impératrice qui subventionne son institut. Henri Rochefort, communard anticlérical qu'on qualifierait aujourd'hui d'extrême gauche, est rédacteur au journal *L'Intransigeant*. Il diffuse largement les arguments du Dr Peter et tente de dissuader les patients mordus de se faire soigner selon la technique pastorienne. Pasteur n'est pas insensible à son image dans la presse, il invite Rochefort dans son laboratoire à participer à l'application de sa méthode. Le rédacteur ne donne pas suite à l'invitation, ses principaux arguments sont ailleurs. Le communard exècre l'Empire, et ses raisons profondes sont plus politiques que techniques. La souscription publique pour l'Institut Pasteur est au cœur du débat – Louis Pasteur est administrateur du Crédit foncier qui est chargé de récolter les fonds de cette souscription. Il est donc désigné comme le « chimiste-financier », et, dès 1886, le sujet des liens d'intérêt financier est soulevé par les opposants à la vaccination[1].

La science de l'époque est très consommatrice d'animaux de laboratoire qui constituent le support de nombreuses expériences. C'est ainsi qu'une convergence d'idées se forme entre antivaccinateurs et antivivisectionnistes qui vont se regrouper, même si des querelles d'ego les diviseront par la suite[2].

La Ligue universelle des antivaccinateurs, les antivivisectionnistes

La Ligue universelle des antivaccinateurs existe depuis longtemps. Elle est fondée à Paris en 1880 par le Dr Hubert Boëns, membre de l'Académie de médecine de Belgique. La Ligue organise des conférences annonçant les échecs de la vaccination pastorienne antirabique, s'appuyant sur les affirmations du Dr Lutaud. *L'Intransigeant*, précédemment cité, se fait le rapporteur de ces congrès.

Par ailleurs, la Ligue va bénéficier de l'intervention d'une femme provocatrice de talent. Marie Huot a 40 ans en 1886. C'est une des fondatrices du néomalthusianisme, philosophie que nous détaillerons plus loin. Elle est secrétaire générale de la Ligue populaire contre la vivisection. Féministe convaincue, elle est

1. Salvadori F., Vignaud L. H., *Antivax. La Résistance aux vaccins du XVIIIe siècle à nos jours*, *op. cit.*

2. Bory J.-Y., *La Douleur des bêtes. La polémique sur la vivisection au XIXe siècle en France*, Presses universitaires de Rennes, 2013.

proche des milieux révolutionnaires et de Louise Michel, entre autres. Elle défend l'avortement mais aussi la castration des hommes. Elle fait de la vivisection une question politique. Elle préconise le lavage et la cautérisation des plaies de morsures animales. Elle écrit dès 1885 à Louis Pasteur : «Pour prévenir la rage, point n'est besoin d'opérer avec l'appareil de la solennité dont vous vous entourez dans votre laboratoire; point n'est besoin d'entretenir à grands frais d'horribles chenils où des centaines d'animaux, destinés à fournir du pus rabique, seront perpétuellement torturés en pure perte[1].» Elle propose à Pasteur de s'inoculer volontairement la rage en même temps qu'elle et que chacun se traite ensuite à sa manière. Pasteur s'amuse de ces propositions. Malgré les interventions publiques de Marie Huot, qui n'hésite pas à interrompre des conférences sur la rage, dès 1887, les déclarations de Pasteur à l'Académie de médecine consacrent la vaccination antirabique, renvoyant Marie Huot à ses préoccupations contre la tauromachie[2].

Un autre personnage remarquable participe à cette lutte. Anna Kingsford est médecin. D'origine anglaise, elle vit à Paris et prône la suppression de la vivisection. Elle étudie la médecine dans la capitale et fait sa thèse sur le végétarisme. Elle a fondé l'International Society. Elle adhère aux thèses théosophiques, doctrine fondée

1. Demeulenaere-Douyère C., *Louis Pasteur et les antivaccinateurs*, *op. cit.*

2. *Ibid.*

sur la théorie de la sagesse divine, religion englobant toutes les religions, avec un objectif de « fraternité universelle » et une teinte d'ésotérisme. Les théosophes sont déçus par la science, considérant qu'elle a « surpassé en barbarie toutes les œuvres des superstitions de l'ancien monde ». La Société théosophique projette « la création d'un véritable pouvoir féminin », seul capable d'établir la fraternité universelle[1]. Adepte des sciences occultes, elle est persuadée d'être à l'origine du décès de Claude Bernard « foudroyé » à distance. Elle vient jeter un sort à Pasteur devant son laboratoire, mais il est absent ; elle l'attend et contracte la tuberculose puis décède deux ans plus tard. Elle écrit à Marie Huot : « Il est singulier, n'est-ce pas, que je sois tombée tout à fait malade pour m'être rendue, un jour de pluie et de novembre, au laboratoire de M. Pasteur. C'est donc de Pasteur que j'ai reçu le coup qui va me tuer. »

Hélas, c'est également en 1887 que Pasteur sera victime d'une attaque cérébrale qui l'écartera définitivement de son laboratoire.

Son œuvre reste une pièce maîtresse des progrès scientifiques du XIXe siècle, et si les erreurs commises ne figurent pas toujours dans les nombreuses hagiographies écrites sur le personnage, il n'en demeure pas moins que les progrès qui lui sont dus, en vaccinologie mais aussi en bactériologie, en médecine vétérinaire, en microbiologie, constituent une véritable révolution[2]. La fin du

1. Bory J.-Y., *La Douleur des bêtes*, *op. cit.*
2. Bazin H., *L'Histoire des vaccinations*, *op. cit.*

XIXe siècle et le début du XXe assisteront à l'éclosion de très nombreux vaccins. Après ceux dits « atténués », qui contiennent des agents infectieux vivants mais dont la virulence a été réduite, apparaîtront les vaccins « inactivés », c'est-à-dire composés d'agents infectieux tués, comme pour la typhoïde, par exemple. D'autres procédés de vaccination suivront : les toxines et anatoxines, qui seront à l'origine des vaccins contre la diphtérie et le tétanos.

La tuberculose est un fléau au début du XXe siècle. Les mécanismes immunitaires contre les bacilles tuberculeux sont complexes. Robert Koch, découvreur du bacille éponyme, fait des essais avec des extraits de bacille inactivés sans grand succès. En 1920, Albert Calmette, médecin militaire de retour d'Indochine actif dans la prise en charge des tuberculeux, et Camille Guérin, vétérinaire qui travaille sur la tuberculose bovine, étudient l'efficacité d'un bacille dont la virulence a été atténuée. Ce bacille sera nommé BCG (vaccin bilié de Calmette Guérin)[1]. Il sera utilisé dans de très vastes campagnes internationales pilotées par l'OMS et permettra de faire reculer cette pandémie.

À partir des années 1960, des travaux sont menés pour développer des vaccins « sous-unitaires », c'est-à-dire ne contenant pas d'agent infectieux mais simplement une partie immunogène. On assiste alors à l'émergence d'une nouvelle génération de vaccins avec, en tête de file, celui contre l'hépatite B.

1. *Ibid.*

Le vaccin contre l'hépatite B grâce à l'équipe de Philippe Maupas

Les différents virus des hépatites – A, B, C, d (delta) et E – ont été identifiés au XXe siècle à partir de 1944. Le nombre de décès dans le monde dus aux hépatites est supérieur à ceux du paludisme, du sida et de la tuberculose réunis. Le virus de l'hépatite B (VHB) est responsable de la moitié de ces décès. La transmission de la maladie se fait essentiellement par voie sanguine : de la mère à l'enfant pendant la grossesse, par contact d'aiguilles souillées mais aussi lors de relations sexuelles (l'hépatite B est donc considérée comme une maladie sexuellement transmissible).

La découverte du vaccin contre le VHB est due à l'équipe de Philippe Maupas, vétérinaire d'abord, puis pharmacien et médecin de l'université de Tours. Après avoir passé l'agrégation de pharmacie en 1972, il fait une thèse de médecine en 1976 sur « Hépatite B et cancer primitif du foie ». La même année, il devient chef de service du laboratoire de virologie de Tours[1].

La maladie chronique due au VHB a pour particularité d'être associée à la présence de fragments de l'enveloppe de ce virus dans la circulation sanguine. Ces particules, non infectieuses, contiennent l'antigène dénommé « AgHBs » ayant la capacité de déclencher une immunité efficace. Maupas eut alors l'idée d'isoler

1. Chiron J.-P., Coursaget P., Yvonnet B., « Philippe Maupas : inventeur du vaccin contre l'hépatite B », in *Revue d'histoire de la pharmacie*, 86e année, n° 319, 1998, pp. 279-292.

ces particules non infectantes dans le sang des patients porteurs chroniques du virus et de les utiliser comme antigène vaccinal. Le premier vaccin utilisant une sous-unité virale est né. L'absence d'agent infectieux fait, en théorie, courir moins de risque qu'un vaccin atténué ou même inactivé. La tolérance et l'efficacité sont testées en double aveugle chez des personnels de son laboratoire et des patients en hémodialyse (groupe à haut risque d'hépatite B à l'époque), soit 264 participants au total[1]. Les résultats avec deux ans de recul sont encourageants, même si, en 1975, les standards des études de l'époque étaient bien loin de ceux d'aujourd'hui comme pour l'HPV ou mieux encore le Covid-19. Les lanceurs de fausses alertes de l'époque ne croient pas à l'efficacité du vaccin contre la transmission mère-enfant. L'équipe tourangelle publie dès 1982 les résultats prouvant l'efficacité pour le nouveau-né du vaccin administré à la mère[2]. Hélas, Philippe Maupas décède prématurément dans un accident de la voie publique en février 1981 alors qu'il revient d'une mission scientifique.

Dans le contexte du scandale du sang contaminé, une méfiance envers tous les produits biologiques d'origine humaine apparaît. C'est la raison pour laquelle, aux

---

1. Maupas Ph., Goudeau A., Coursaget P., Drucker J., Bagros Ph., « Hepatitis B vaccine : efficacy in high-risk settings, a two-year study », *Intervirology*, 1978 ; 10 (3) : 196-208.

2. Maupas Ph., Chiron J-P., Barin F., Coursaget P., Goudeau A., Perrin J., Denis F., « Efficacy of hepatitis B vaccine in prevention of early HBsAg carrier state in children. Controlled trial in an endemic area (Senegal) », *The Lancet*, 1981 Feb 7 ; 1 (8215) : 289-92.

États-Unis, Maurice Hilleman met au point la fabrication de ces particules antigéniques par génie génétique en 1986, s'affranchissant ainsi du risque de contamination[1]. Il s'agit d'une technique qui permet de faire fabriquer, par une levure préalablement modifiée génétiquement, l'antigène recherché. Celui-ci sera, après purification, utilisé pour composer le vaccin. Dès les années 1990, de larges campagnes vaccinales démarrent, en France notamment. La campagne cible les populations à risque que sont les utilisateurs de drogues à la seringue, les homosexuels et les professionnels de santé. L'objectif est aussi d'élargir la cible en proposant la vaccination systématique des nourrissons à partir de 1994. L'apparition du vaccin hexavalent (diphtérie, tétanos, coqueluche, hépatite B, poliomyélite et Haemophilus influenzae de type b) et son remboursement à partir de 2008 vont dans ce sens. L'OMS en 2017 se fixe pour objectif de vacciner 90 % des nouveau-nés et de prévenir 90 % des transmissions mère-enfant à l'échelle mondiale[2]. Hélas, des difficultés vont survenir en France en particulier sur cette vaccination accusée d'induire des maladies démyélinisantes.

---

1. McAleer W. J., Buynak E. B., Maigetter R. Z., Wampler D. E., Miller W. J., Hilleman M. R., « Human hepatitis B vaccine from recombinant yeast », *Nature*, 1984 Jan 12-18; 307 (5947) : 178-80.
2. https://www.who.int/fr/news-room/fact-sheets/detail/hepatitis-b

L'inquiétude de la sclérose en plaques

La SEP est une maladie démyélinisante auto-immune dont la physiopathologie est mal connue. Certains processus infectieux pourraient aggraver, au moins temporairement, la maladie.

En 1993, l'OMS avait lancé une campagne de vaccination de masse contre le VHB visant les nourrissons et les adolescents. En France, en 1994, cette recommandation était étendue aux jeunes adultes, période de la vie où la SEP se révèle habituellement. Sans préjuger du rapport de cause à effet, de petites séries de patients ayant présenté une SEP peu après une vaccination VHB seront publiées. Malgré l'absence de preuve de lien de causalité, une forte polémique s'ensuit sur le risque de sclérose en plaques (SEP) dans les suites d'une vaccination contre l'hépatite B. La campagne de vaccination scolaire est interrompue en France. La vaccination en milieu libéral des nourrissons, des préadolescents et des professionnels de santé est toutefois maintenue[1].

De nombreuses études sont alors lancées dès 1997. Elles étudient, selon la méthodologie « cas-témoins » pour la plupart, des patients porteurs de SEP (groupe « cas ») en comparaison avec un groupe sain (« groupe témoin »), et recherchent un antécédent de vaccination VHB. Le recul selon les études est de deux mois à plusieurs années. Initialement sur des effectifs de l'ordre d'une centaine, aucune corrélation n'est mise en évidence.

1. Koeck J.-L., « Vaccination contre l'hépatite B : retour sur la polémique », Mesvaccins.net, 30 janvier 2014.

Seule l'étude de Hernán[1], en 2004, montre un surrisque relatif, mais l'effectif très faible ne permet pas d'établir une conclusion. Une étude de Mikaeloff en 2007 sur 356 enfants ayant eu une première poussée de maladie démyélinisante ne montre pas de surrisque d'évolution vers une SEP après vaccination anti-VHB[2].

De même, plusieurs travaux de suivi de cohortes vaccinées ne montrent pas non plus de surrisque au sein de ces populations[3]. Plus récemment, une méta-analyse[4] en 2018 confirme que la survenue d'une maladie démyélinisante après vaccination hépatite B est une coïncidence.

Toutes les instances sanitaires françaises (commission de pharmacovigilance, Santé publique France, ministère de la Santé) et internationales (CDC aux États-Unis, NHS au Royaume-Uni, NCIRS en Australie, Agence de la santé publique au Canada) affirment alors que le vaccin anti-VHB n'est pas associé à un surrisque de développer une SEP[5].

---

1. Hernán M.A., Jick S.S., Olek M.J., Jick H., « Recombinant hepatitis B vaccine and the risk of multiple sclerosis : a prospective study », *Neurology*, 2004 ; 63 (5) : p. 838-842.

2. Lebrun-Frénay S., Vukusic S., Recommandations de la Société francophone de la sclérose en plaques : « Vaccinations et sclérose en plaques », Document de synthèse des groupes de lecture.

3. https://professionnels.vaccination-info-service.fr/Aspects-sociologiques/Controverses/Sclerose-en-plaques

4. Mouchet J., Bégaud B., « Central demyelinating diseases after vaccination against hepatitis B virus : a disproportionality analysis within the VAERS database », Drug Saf. 2018 ; 41 (8) : 767–774.

5. https://www.cdc.gov/vaccinesafety/concerns/history/hepb-faqs.html

Droit, sclérose en plaques et vaccin hépatite B

On l'a vu, il est maintenant acquis qu'il n'y a aucun lien épidémiologique entre vaccin VHB et SEP. Alors, comment comprendre l'histoire juridique des dossiers initiés il y a déjà plus de vingt ans ?

Évidemment, on ne peut que partager la douleur, l'inquiétude et la colère de ceux qui, après une vaccination contre l'hépatite B, développent une maladie démyélinisante. La réaction de ces jeunes et de leurs parents est compréhensible. La recherche de la vérité, l'identification d'un coupable éventuel responsable du malheur qui les touche leur sont nécessaires, d'autant que cette maladie débouche souvent sur un handicap parfois lourd. Remarquons également que, si la solidarité nationale est très forte en France, la prise en charge tant institutionnelle que financière du handicap de l'adulte est loin d'être parfaite.

Dans ce contexte, il est normal que des procédures juridiques aient été intentées. Sans les commenter, il est donc intéressant de comprendre ces arrêts et de poser un regard général sur la stratégie de la justice.

Rappelons l'historique juridictionnel[1] :

En 2003, la Cour de cassation interrogée sur le lien entre vaccin hépatite B et sclérose en plaques a cassé

1. Kahn C. (sous la direction de Borghetti, J.-S.), *La Preuve du lien de causalité en matière d'atteinte à la santé : approche comparative droit français-common law*, Banque des Mémoires, université Paris II Panthéon-Assas, 2017.

des arrêts qui, sur la base de « présomptions graves, précises et concordantes », établissaient un lien causal entre cette vaccination et la maladie. Cette cour a considéré que la cour d'appel n'avait pas tiré « les conséquences légales de ses constatations desquelles résultait que le lien de causalité entre la vaccination et la maladie ne pouvait être établi ». Toutefois, l'étiologie de la SEP reste inconnue, et la chronologie troublante entre la vaccination et l'apparition de la maladie suggère pour certains juges du fond la responsabilité du vaccin.

C'est ainsi que cette jurisprudence a été contestée. Le Conseil d'État a rendu un arrêt le 9 mars 2007 en faveur d'un patient atteint après une vaccination, retenant une présomption de causalité entre vaccination et SEP. En 2008, la Cour de cassation modifie elle aussi sa jurisprudence. Elle estime alors que la causalité peut être affirmée sur des présomptions graves, précises et concordantes. Certains éléments sont cités comme permettant de présumer de l'existence de la causalité : le jeune âge et la bonne santé de la victime, l'absence de facteurs favorisants connus et la temporalité entre l'injection vaccinale et la déclaration de la maladie (durée qui sera par la suite estimée à environ deux mois). Ce lien de causalité n'est pas systématiquement retenu et est laissé à l'appréciation des juges du fond. La jurisprudence est donc contradictoire et source potentielle d'« insécurité juridique ». En 2010, la Cour de cassation rejette un pourvoi alors que le demandeur présentait des conditions similaires à celui de l'arrêt de 2008[1]. En 2015, elle saisit la Cour de justice de l'Union européenne[2] (CJUE) à l'occasion d'un litige entre ayants droit d'une personne décédée d'une SEP survenue peu de temps après une vaccination anti-VHB et le laboratoire producteur du vaccin. La CJUE juge alors qu'est conforme au droit de l'Union européenne (plus précisément à la directive de 1985 sur la responsabilité du fait de produits défectueux) une législation nationale en vertu de laquelle « lorsque le juge du fond est saisi d'une action visant à mettre en cause la responsabilité du producteur d'un vaccin du fait d'un défaut allégué de ce dernier, il peut considérer dans l'exercice du pouvoir d'appréciation dont il se trouve investi à cet égard, que, nonobstant la constatation que la recherche médicale n'établit ni n'infirme l'existence d'un lien entre l'administration du vaccin et la survenue de la maladie dont est atteinte la victime, certains éléments de fait invoqués par le demandeur constituent des indices graves, précis et concordants permettant de conclure à l'existence d'un défaut du vaccin et à celle d'un lien de causalité entre ce défaut et ladite maladie[3] ».

La cour remarque elle-même que ceci est « de nature à faciliter la tâche de la victime lorsqu'elle est appelée à

1. https://www.courdecassation.fr/publications_cour_26/rapport_annuel...bilite_epreuve_11382.html#2.1.1.1.2.2.

2. Cour de justice de l'Union européenne, 21 juin 2017, C-621/15, N. W e.a./Sanofi Pasteur MSD e.a.

3. « La CJUE tranche la question : admission de la preuve par présomption du défaut du vaccin et de son lien avec la maladie », Village de la justice, décembre 2017.

apporter les preuves requises pour lui permettre d'engager la responsabilité du producteur». Il s'agit là d'inverser la charge de la preuve qui n'incombe plus au patient (en démontrant la causalité entre les deux événements) mais au laboratoire qui doit alors démontrer l'innocuité de son produit. En revanche, la CJUE se prononce en défaveur de la mise en place d'une présomption légale de causalité, laissant ainsi aux juges une certaine liberté dans le processus de décision au cas par cas[1].

C'est ainsi qu'il apparaît clairement une différence entre la vérité scientifique et la vérité juridique, réaffirmant l'indépendance du droit par rapport à la science.

Ce concept de dissociation est défini ainsi dans le Dalloz[2] :

«[...] La causalité juridique n'est pas la causalité scientifique... Cette dernière est une quête de vérité, alors que la première est une recherche de vraisemblance. Le scientifique étudie un événement connu (l'effet), et en recherche la cause inconnue; le juriste examine deux événements connus (le dommage et le fait générateur allégué) et recherche si, entre les deux, existe un lien de probabilité, rien de plus. Par conséquent, si une certitude scientifique induit sans doute la solution juridique (certitude de l'absence de lien, pas de causalité; certitude de l'existence d'un lien, causalité), l'absence de

1. Kahn C. (sous la direction de Borghetti J.-S.), *La Preuve du lien de causalité en matière d'atteinte à la santé : approche comparative droit français-common law*, *op. cit.*

2. Bloch C., Giudicelli A., Guettier C., Julien J., Krajeski D., Le Tourneau P., Poumarède M., *Droit de la responsabilité des contrats*, Dalloz, 2012/2013, 9e édition.

certitude scientifique n'empêche pas la reconnaissance d'une causalité juridique.»

La perte de chance et le devoir d'information

L'obligation d'informer un patient sur les risques encourus par un acte médical, quel qu'il soit, peut également, si elle n'est pas respectée, constituer un dommage. En effet, averti du risque, le patient aurait pu refuser l'acte médical et s'épargner la survenue du risque encouru. Cette notion est maintenant bien connue de tous les chirurgiens et des médecins en général. Notons que la qualité de l'information délivrée aux patients a considérablement progressé à l'issue de ces jurisprudences.

Dans le domaine de la vaccination, cette obligation a modifié également l'information délivrée par les laboratoires. Afin d'éviter toute procédure sur ce point, les risques considérés comme juridiquement recevables figurent donc sur les notices Vidal de tous les produits. La liste de ces risques s'allonge mais ne repose pas forcément sur des fondements scientifiques. Ceci est de nature à perturber l'analyse de ces textes par un profane. De plus, ces listes sont le support d'une communication parfois intense des antivax qui les assimilent à des réalités scientifiques.

Nous observons que la logique de solidarité à la française s'exprime dans le droit de la responsabilité, et nous pouvons nous réjouir de cette reconnaissance. Il faut cependant se poser la question des conséquences, sur la politique des assurances d'une part, mais surtout sur la confiance vaccinale et donc la santé publique. On constate que juristes et scientifiques ne parlent pas le même langage. Le grand public quant à lui risque très vite de s'y perdre et de prendre des raccourcis aussi rapides qu'erronés.

Espérons qu'à l'avenir la solidarité puisse jouer pleinement sans pour autant peser sur la vérité scientifique, gage de la confiance du grand public dans son système de santé.

La vaccination contre l'hépatite B est efficace contre l'infection par le VHB et son évolution chronique. Elle est la première à protéger d'un cancer, l'hépatocarcinome, cancer du foie grave et très souvent mortel. Ce cancer, induit par le virus VHB, est une véritable « maladie à prévention vaccinale » et survient tardivement après l'infection. La protection induite par le vaccin, bien que très réelle, n'est pas ressentie intuitivement par le public. Le virus de l'hépatite B est sexuellement transmissible mais peut aussi se transmettre par le sang. Les ingrédients de la résistance vaccinale sont en partie dans ces caractéristiques. La polémique sur le risque de SEP n'a fait qu'ajouter un doute supplémentaire. L'attribution d'indemnisations par la justice a encore compliqué un peu plus la tâche des soignants. Pourtant, ce vaccin, le premier de type « recombinant », c'est-à-dire fabriqué par génie génétique, est particulièrement efficace et sûr. Les autorités sanitaires se doivent donc d'être plus efficaces dans leur pédagogie.

En 2006, le vaccin contre le papillomavirus (PHV) a été mis sur le marché en France. Il présente certains points communs avec le vaccin VHB : c'est un vaccin recombinant, protecteur contre un virus responsable de plusieurs cancers. Dans ce cas également, le lien entre l'infection sexuellement transmissible et le cancer n'est pas intuitif. Le cancer du col survient tardivement après l'infection. Ce vaccin, contemporain de l'essor des réseaux sociaux, sera l'objet d'une forte résistance. Nous aborderons donc le sujet dans un chapitre dédié, après avoir examiné les arguments des antivax et leur manière de les utiliser sur les réseaux sociaux.

2

... et au fil des idées

Le mouvement antivax, présent dès le XVIIIe siècle, s'inscrit dans divers courants de pensée. Il n'y a pas à proprement parler une philosophie antivaccinale mais plusieurs, que nous allons étudier ici. Avec le temps, ces courants de pensée se sont mêlés, compliquant encore leur analyse. Toutefois, pour bien comprendre la situation, il est indispensable de revenir aux origines et d'analyser ces théories une par une.

Le rousseauisme médical

Alors que la variolisation apparaît en Europe à partir de 1721, Voltaire, nous l'avons évoqué, se prononce, dans ses *Lettres philosophiques*, pour l'inoculation. À la même époque, Rousseau exprime une position différente sur ce point. Dans l'*Émile*[1], écrit en 1762, il développe

1. Rousseau J.-J., *Émile ou de l'éducation* (livre second), t. I, vol. 4, dans *Collection complète des œuvres*, Genève, 1780-1789, vol. 4, in-4°, édition en ligne www.rousseauonline.ch.

ses réflexions sur l'éducation des enfants, l'allaitement et l'hygiène. Le respect de la nature y tient une place particulière. Il préconise des bains d'eau froide dès la naissance, soutenant que cela rend les enfants plus résistants. La vie en ville ne lui paraît pas naturelle, il préconise un rapprochement avec la nature, observant que les paysannes qui sont très actives par leurs différents travaux sont plus rarement malades que les citadines. L'éducation des enfants doit être stricte pour fortifier leur corps. L'hygiène physique, la marche qu'il pratique souvent sont également des moyens de renforcer la santé mais aussi de développer la réflexion[1].

Il condamne les médecins de son temps et fustige la saignée et la purgation alors largement utilisées. Touché par une sténose de l'urètre postérieur l'empêchant d'uriner normalement, il fustige la médecine officielle devant les échecs des traitements qu'on lui propose. Ses thèses, très critiques, rejoignent celles des opposants à l'inoculation qui s'approprient des formules comme « Tout est bon sorti des mains de Dieu », ou encore « Tout est bien sortant des mains de la nature, tout est mal sortant des mains de l'homme ». Le philosophe reconnaît toutefois l'intérêt de l'inoculation mais émet des réserves plus idéologiques, préférant laisser la nature agir.

La philosophie de Jean-Jacques Rousseau inspirera par la suite un courant hygiéniste plus fondamentaliste.

---

1. Casassus Ph., *Les Idées de Jean-Jacques Rousseau sur la médecine*, John Libbey Eurotext, 2017.

Le malthusianisme ou l'apologie de la sélection naturelle

Toujours au XVIIIe siècle, au Royaume-Uni, apparaît le malthusianisme. Thomas R. Malthus naît en 1766. C'est un économiste qui obtient une chaire à l'université de Cambridge en 1793, et devient pasteur de l'Église anglicane. Il met en lumière le danger du décalage entre la croissance de la population mondiale et la capacité de la planète à produire suffisamment de ressources pour assurer sa subsistance. Dans son *Essai sur le principe de population*[1], écrit en 1798, il constate que la population double tous les vingt-cinq ans et a ainsi une croissance géométrique (1, 2, 4, 8, 16...). La production des ressources nécessaires à l'alimentation n'a, dans le même temps, qu'une croissance arithmétique (1, 2, 3, 4...). Par ailleurs, l'absence de guerres, de catastrophes, particulièrement dans les pays pauvres, ne peut aboutir selon lui qu'à une famine généralisée. L'accroissement de la population est donc analysé comme un danger pour sa propre survie. Malthus propose alors dans les premières éditions de son essai une réduction des aides aux personnes précaires, ce qui aboutirait à une forme de sélection naturelle. Il reviendra par la suite sur ces suggestions. Il défend aussi une régulation des naissances par la chasteté et le recul de l'âge du mariage.

---

1. Rutherford D., « Les Trois Approches de Malthus pour résoudre le problème démographique », *Population* 62 : 253-80, 2007 ; https://www.cairn.info/revue-population-2007-2-page-253.htm

On peut citer cette phrase qui résume sa pensée : « Un homme qui naît dans un monde déjà occupé, si sa famille n'a pas les moyens de le nourrir, ou si la société n'a pas besoin de son travail, cet homme, dis-je, n'a pas le moindre droit de réclamer une portion quelconque de nourriture : il est réellement de trop sur cette terre. Au grand banquet de la nature, il n'y a pas de couvert pour lui. » Malthus ne s'est pas exprimé explicitement sur la variolisation ou la vaccine, mais nombreux sont ceux qui s'approprieront l'idée d'une réduction de la population mondiale par la sélection naturelle.

À la fin du XIXe siècle, cette philosophie sera reprise par les « néomalthusianistes » en préconisant la contraception d'abord, puis l'avortement pour certains d'entre eux seulement. On l'a vu, certains opposants à Pasteur se réclamaient de cette philosophie. Aujourd'hui, certains reprennent ces thèses rebaptisées pour l'occasion « collapsologie » ou « éco-pessimisme ».

Selon Alain Drouard[1], le néomalthusianisme va se confondre au début du XXe siècle avec l'eugénisme qui sera animé par les mêmes hommes s'exprimant dans les deux courants : à la Ligue de la régénération humaine, fondée en 1896 par Paul Robin, et la Société française d'eugénique, créée en 1913. La doctrine ira au-delà de la limitation des naissances et de la sélection naturelle en prônant une sélection artificielle par « la stérilisation

1. Drouard A., « Aux origines de l'eugénisme en France. Le néomalthusianisme (1896-1914) », *Population* (édition française), vol. 47, n° 2, 1992, p. 435-459 ; *JSTOR*, www.jstor.org/stable/1533917.

des dégénérés». Les épidémies sont vécues comme des épisodes de sélection naturelle permettant de limiter l'expansion de la population mondiale en préservant les survivants. Il est donc contre nature de lutter contre ces épidémies ou de les prévenir par la vaccination. C'est ainsi que certaines philosophies naturalistes s'inscrivent dans la filiation du malthusianisme.

Les philosophies naturalistes

C'est donc dans cet esprit qu'apparaît au début du XXe siècle le naturalisme médical[1]. Le Dr Paul Carton est l'un des premiers à l'incarner en France. Jeune étudiant en médecine, il est atteint par la tuberculose. La médecine approximative de l'époque lui prescrit alors une fortification de l'organisme par une suralimentation. Son état se dégrade, tandis qu'il est promis à une mort certaine, il réduit drastiquement son alimentation à la suite d'une intoxication alimentaire. Cet événement au lieu de l'affaiblir lui permet de reprendre de l'énergie. Il passe sa thèse en 1903 et affirme que les symptômes de la tuberculose sont plus liés à des troubles de l'alimentation qu'au bacille lui-même. Il devient alors végétarien et publie ses travaux sur de nouvelles règles alimentaires. Il découvre la pratique de la culture physique et rédige un traité de médecine naturiste. Après une rencontre en 1913 avec Albert-Louis Caillet, auteur de

1. Baubérot A., *Histoire du naturisme. Le mythe du retour à la nature*, Presses universitaires de Rennes, 2004.

nombreux ouvrages sur l'occultisme, il s'initie aux pratiques occultistes. La Première Guerre mondiale terminée, il abandonne son activité hospitalière pour se consacrer à son premier ouvrage ésotérique (*La Vie sage. Commentaire sur les vers d'or des Pythagoriciens*) où il affirme « sa croyance en l'existence d'une tradition primordiale, d'un fonds de connaissances révélant la véritable nature de l'univers, transmis par des initiés à leurs disciples depuis la nuit des temps ». Seuls ces initiés auraient connaissance des « vérités du cosmos ». Il ajoute à cet ouvrage des règles d'hygiène naturiste qui auront pour lui une signification morale, spirituelle et ésotérique. Il parle de la « nature médicatrice », partie de la « force vitale universelle », elle-même élément constitutif de l'univers. L'alimentation devient pour lui un combat entre l'aliment et l'organisme qui le reçoit, et classe donc les aliments selon leur degré de nocivité. Il s'inscrit pleinement dans l'hygiénisme de l'époque. Les médicaments, le sang (celui des transfusions humaines mais aussi le sang de la viande), les vaccins représentent pour Carton une profanation de la nature. Il rejoint là certains médecins catholiques associant la maladie au péché. Chrétien, anticommuniste, il exècre la république mais aussi les régimes autoritaires, et s'intéresse à L'Action française, école de pensée royaliste, nationaliste, d'extrême droite. Il fonde la Société naturiste française en 1920 et produit quantité d'ouvrages littéraires diffusés bien au-delà de son microcosme de pensée.

La vaccination n'est pas au cœur de son œuvre, mais ses théories préfigurent les thèses modernes sur l'hygiène et la diététique qui pourraient, selon lui, suffire à la prévention des maladies en général, et notamment des infections épidémiques. Il s'appuie sur son expérience personnelle de guérison de sa tuberculose à l'aide de méthodes hygiéno-diététiques. Cette philosophie naturiste fait encore du Dr Carton, à l'heure actuelle, une icône de certains antivax en France. On retrouve dans la pédagogie Freinet, « l'école moderne », les principes de ce courant hygiéniste et naturaliste[1]. Célestin et Élise Freinet, fondateurs de cette doctrine dans les années 1920, se rapprochent de la Ligue nationale pour la liberté des vaccinations[2].

En Europe, d'autres courants de pensées vont développer ces concepts en y intégrant également un système pédagogique. L'anthroposophie, initiée par Rudolf Steiner, en est l'exemple le plus spectaculaire.

Rudolf Steiner et l'anthroposophie, un courant toujours très actif

Au début du XXe siècle, la philosophie naturaliste se décline en Allemagne et en Suisse sous l'influence de Rudolf Steiner, gourou de l'anthroposophie, courant de pensée toujours en vogue au sein des écoles « Steiner-Waldorf ».

Rudolf Steiner est né en 1861 en Croatie[3]. De nationalité autrichienne, puis suisse, il s'intéresse tout d'abord

1. https://journals.openedition.org/rechercheseducations/1569
2. Moulin A.-M., *L'Aventure de la vaccination*, *op. cit.*
3. https://www.anthroposophie.ch/fr/anthroposophie/rubriques/article/rudolf-steiner-sa-vie-et-son-oeuvre/rudolf-steiner-biographie.html

aux œuvres scientifiques de Goethe pour qui il a une grande admiration (il donnera le nom de Goetheanum au siège de la société d'anthroposophie). Il s'inscrit dans une société théosophique née d'une rencontre entre le spiritisme, le bouddhisme et l'hindouisme avec pour objet « l'unité fraternelle » de toutes les religions et la recherche du « principe universel » qui les réunit[1]. Il va s'en démarquer rapidement pour fonder son propre courant de pensées : l'anthroposophie.

Steiner croit que l'homme a une capacité de perception spirituelle indépendante des sens, qu'il existe un monde spirituel qui « [...] vient s'opposer à un monde dans lequel le matérialisme [est la] tendance intellectuelle dominante (détermination du monde matériel sur les comportements et le caractère humain, déni de l'existence du moi) ». Steiner propose de donner un accès pour la conscience au monde spirituel et à la liberté qui en découle. Reprendre la maîtrise sur le moi comme « réalité spirituelle irréductible » dont la science de l'époque voulait ignorer l'existence, en en faisant une « scène vide sur laquelle se jouent des conflits entre différents acteurs incontournables[2] ».

Steiner pense ainsi que l'homme aurait une spiritualité et une forme de conscience onirique disparue avec le matérialisme. Il propose donc de former sa conscience à s'élever et à se libérer de la matière. L'aptitude à atteindre

1. Malet J.-B., « La Société théosophique, ou le mythe de "l'insurrection des consciences" », *Le Monde diplomatique*, juillet 2018.
2. Lachman G., *Rudolf Steiner. Une biographie*, Actes Sud, 2009.

cet objectif est selon lui innée. Après avoir fréquenté la Société de théosophie, il s'en détache pour fonder, en 1912, la Société anthroposophique. S'il est influencé par Goethe mais aussi par Kant, il s'en distingue par le refus d'accepter la limitation de la capacité intellectuelle de l'homme en affirmant son besoin de se dépasser pour accéder à un monde au-delà de la cognition : le « supra-sensible ». Il compose ainsi un monde ésotérique reprenant les cycles de réincarnation orientalistes. L'humanité évoluant en quatre stades : minéral, végétal, cosmique, et stade du « Je » associés à quatre corps (ou karma) : physique, éthérique, astral et corps du « Je »[1].

Steiner va ainsi bâtir une pédagogie sur ces bases et, en 1919, à la demande de Emil Molt, directeur de l'usine de cigarettes Waldorf-Astoria à Stuttgart en Allemagne, il imagine la première école « Steiner-Waldorf », pour les enfants des ouvriers de cette usine. Ces principes pédagogiques vont alors se répandre et, en 2018, on dénombre 1 850 jardins d'enfants et 1 100 établissements scolaires dans 65 pays[2].

Selon la Mils (Mission interministérielle de lutte contre les sectes), ancêtre de la Miviludes (Mission interministérielle de vigilance et de lutte contre les dérives sectaires), les enseignants sont recrutés sur leur « parcours qualifiant de vie » plus que sur leur formation intellectuelle ou pédagogique. Les principes pédagogiques

1. Mils (mission interministérielle de lutte contre les sectes) : Rapport annuel 2000 ; https://www.vie-publique.fr/rapport/27640-mission-interministerielle-de-lutte-contre-les-sectes-rapport-2000

2. Malet J.-B., « L'anthroposophie, discrète multinationale de l'ésotérisme », *Le Monde diplomatique*, juillet 2018.

semblent parfois un peu obscurs mais Steiner affirme : «Pour le petit enfant, jusqu'au moment de la nouvelle dentition, toute l'importance de l'éducation réside dans la nature de l'éducateur. Puis, jusqu'à la puberté, l'essentiel est que le maître soit un artiste capable de modeler la vie. C'est seulement lorsque l'enfant atteint la quatorzième ou quinzième année que son instruction et son éducation exigent du maître qu'il lui communique les connaissances mêmes qu'il a acquises.»

La Mils en 2000 constate que les écoles Steiner-Waldorf font du refus des contrôles de l'État un principe. L'école doit ainsi être isolée culturellement en restant «hors du siècle».

Au sein de ces écoles, les enfants ne sont pas vaccinés. Steiner affirme en effet que les vaccins ne peuvent agir sur les vraies causes des maladies. Pour traiter un patient, il propose une médecine anthroposophique basée sur la phytothérapie, «la peinture thérapeutique, le modelage, la musique ou l'eurythmie curative». L'eurythmie est une pratique très répandue chez les anthroposophes. Il s'agit d'une forme de chorégraphie destinée à relier l'individu qui la pratique aux «forces cosmiques».

Dès 1917, Steiner propose de traiter le cancer avec des décoctions de gui. Il en détaille le principe en une gamme de médicaments anthroposophiques. En 2017, les laboratoires Weleda et Iscador AG commercialisent toujours ces produits. Selon le journal *Le Monde*[1], les laboratoires Weleda ont, en 2017, réalisé 401 millions d'euros de chiffre d'affaires sur les produits cosmétiques

1. *Ibid.*

et 109 millions sur les « médicaments anthroposophiques ». Ces produits sont souvent présentés comme curatifs et non comme des soins de support. On note qu'en 2016, en France, un médecin a été sanctionné par la chambre disciplinaire du Conseil de l'Ordre pour avoir traité une patiente atteinte d'un cancer du sein par cette seule médication[1], et même si l'ATU (Autorisation transitoire d'utilisation) n'a pas été renouvelée par l'ANSM en 2019, le *Viscum album*, du nom scientifique du gui, produit incriminé ici, est assez facilement disponible[2]. Des publications nombreuses ont été colligées sans convaincre les auteurs d'une méta-analyse[3] publiée dans le *Journal of Cancer Research and Clinical Oncology*, une revue spécialisée dans l'oncologie clinique et expérimentale[4]. La contre-communication du laboratoire sous la plume du Dr Robert Kempenich soutient que ce produit est maintenant uniquement indiqué en complément du traitement classique, mais qu'il comporte une action thérapeutique...

Au-delà de l'enseignement et de la médecine, la Société anthroposophique est aussi à l'initiative de l'agriculture biodynamique, comme l'évoque Steiner dès 1924. Telle que conçue par Steiner, cette pratique va bien

1. Honey C., « Der Masterplan der Anthroposophie Medwatch », 2019, MedWatch, 3 décembre 2019.
2. Hertel O., « Cancer : Weleda au cœur d'un scandale de la médecine anthroposophique », *Sciences et Avenir*, 2019.
3. Freuding M. et *al.*, « Mistletoe in oncological treatment : a systematic review : Part 1: survival and safety », *Journal of Cancer Research and Clinical Oncology*, mars 2019 ; 145 (3) : 695-707.
4. Voir chapitre 4.

au-delà de l'agriculture biologique comme nous pouvons la connaître, car elle lui ajoute des rituels constituant une véritable liturgie, que Jean-Baptiste Malet[1] qualifie de « druidiques », mettant en œuvre des manipulations de vessies de cerfs et de cornes remplies de bouses en respectant le calendrier cosmique.

Beaucoup plus sombres sont les rapports de l'anthroposophie au racisme. Steiner dénonce en 1910 « l'effroyable brutalité culturelle que fut la transplantation des Noirs vers l'Europe [qui] fait reculer le peuple français en tant que race ». L'anthroposophie sera plus tard soutenue par Rudolf Hess, chef de la chancellerie du parti nazi.

La galaxie anthroposophique comporte également un organisme bancaire : la Nouvelle économie fraternelle (NEF), créée en 1979, et la Société financière de la NEF (SOFINEF), constituée en 1988. Ces sociétés font référence dans leurs statuts aux fondements de la pensée anthroposophique comme le souligne le rapport de la MILS en 2000. Jusqu'en 1994-1995, les membres ou les institutions engagés dans cette philosophie étaient privilégiés pour leurs demandes de prêt. En 2018, l'enquête de Jean-Baptiste Malet dans *Le Monde* précise que les banques Triodos et GLS, deux établissements dirigés par des anthroposophes, représentent 14 milliards d'euros et 4 milliards d'actifs sous gestion.

Enfin, et c'est peut-être le plus inquiétant, sur le plan politique, les anthroposophes disposent de groupes de

1. Malet J.-B., « L'anthroposophie, discrète multinationale de l'ésotérisme », art. cité.

pression tels le Conseil européen pour l'éducation Steiner-Waldorf (ECSWE) ou la Fédération internationale des associations médicales anthroposophiques» (IVAA), l'Alliance européenne des initiatives pour l'anthroposophie appliquée» (ELIANT) et la Fondation Rudolf-Steiner. Plusieurs responsables politiques de haut niveau affichent clairement leur appartenance à l'anthroposophie. En Allemagne, Gerald Häfner, cofondateur du parti Die Grünen (Les Verts), élu au Bundestag puis au Parlement européen, et Lukas Beckmann, également cofondateur du même parti, affichent leur appartenance à la société anthroposophique. Beckmann, quant à lui, s'implique personnellement dans la fondation GLS Treuhand, fondation de la banque du même nom[1].

En France, le sénateur Hubert Haenel, qui deviendra membre du Conseil constitutionnel, propose en 2000 la reconnaissance officielle de la médecine anthroposophique. Plus récemment, Françoise Nyssen, ex-ministre de la Culture, a fondé en 2015 à Arles une école hors contrat, Domaine du possible, qui, si elle n'est pas ouvertement anthroposophique, en reprend les principaux préceptes pédagogiques[2]. On comprend donc que le rapport 2000 de la Mils évoque la «galaxie anthroposophique», autrement qualifiée par ailleurs de «discrète multinationale de l'ésotérisme».

La vaccination n'est pour l'anthroposophie qu'un sujet parmi d'autres, mais Steiner est explicitement

---

1. *Ibid.*
2. https://ecole-domaine-du-possible.fr/ledito-du-directeur-pedagogique

contre les vaccins. Certains de ses disciples avancent le propos suivant : « La vaccination est une catastrophe pour ces enfants du futur, on s'en douterait ! Ainsi matraqués, prisonniers de cette gangue biologique formée par les poisons [...], leur âme céleste ultrasensible est prisonnière de murs formés par les toxiques vaccinaux[1]. » Adeptes de la théorie du « terrain » opposée à la microbiologie énoncée par Pasteur, ils se donnent les moyens d'un prosélytisme actif.

C'est pour cela que la puissance de ces groupes ne peut qu'inquiéter, surtout à l'heure où la Mils devenue Miviludes (Mission interministérielle de vigilance et de lutte contre les dérives sectaires) est discrètement déménagée – elle dépendait jusque-là directement de Matignon. Le gouvernement Castex décide en juillet 2020 de réduire ses effectifs de 14 à 8 membres et de la mettre sous la tutelle du Comité interministériel de prévention de la délinquance et de la radicalisation (CIPDR), dans des locaux du ministère de l'Intérieur[2]. Certains proches du dossier assimilent ce déménagement à une dissolution *de facto*, ce qui interroge au vu des dossiers en cours : scientologie, anthroposophie, Témoins de Jéhovah, financement des églises évangéliques...

Ces philosophies naturalistes sont souvent associées à un refus de la vaccination explicite ou non. L'injection d'une substance biologique active dans un corps est

1. https://medecine-integree.com/lanthroposophie-et-les-vaccins
2. Rabino T., « Lutte contre les sectes : la Miviludes déménagée en douce », *Marianne*, 17 juillet 2020.

taboue ; aucun besoin de se protéger artificiellement de maladies que les comportements « naturels » écartent. La noirceur de phénomènes naturels comme les épidémies est éludée, et le vaccin n'a donc pas de raison d'être.

Au sein de ces groupes naturalistes, la sémantique évolue. « L'antivaccinisme », largement délégitimé, laisse la place à la « Liberté de la vaccination ». Un autre courant de pensée va théoriser plus avant cette exigence de liberté : le libertarianisme.

Le libertarianisme

La pensée libertarienne, née aux États-Unis, fait également partie des philosophies soutenant l'antivaccinisme. Fondé à la fin de la Seconde Guerre mondiale, le libéralisme devient trop conservateur pour Friedrich Hayek. Cet économiste britannique d'origine autrichienne pense que le libéralisme « a été transformé en une croyance stationnaire et rigide » et « aurait perdu le courage de l'utopie[1] ». Si Hayek ne se revendique pas du libertarianisme, cet appel à la création d'une utopie libérale est repris par les fondateurs du mouvement. Ainsi, Murray Rothbard, économiste et philosophe américain, développera le principe de l'anarcho-capitalisme en stigmatisant les libéraux trop conservateurs et trop attachés à la préservation de leurs acquis. Ayn Rand, autre figure de proue revendiquée du libertarianisme, refuse le terme

1. Caré S., *La Pensée libertarienne. Genèse, fondements et horizons d'une utopie libérale*, Presses universitaires de France, 2009.

d'« utopie » mais insiste sur le caractère radical de cette nouvelle philosophie politique. Cette femme d'origine juive russe, persécutée par le bolchevisme, définit une morale individuelle prônant « l'égoïsme rationnel » et s'opposant à toute position altruiste[1].

Sur le fond, l'utopie libertarienne se base sur l'anarchisme individualiste, le libéralisme classique et l'isolationnisme[2].

L'esprit « antiétatiste » est le fondement de la doctrine. Outre un libéralisme économique débridé, le libertarianisme défend une liberté individuelle totale tant que cette liberté ne viole pas celle des autres. L'État n'a donc pas vocation à s'ingérer dans la vie privée, n'a pas pour mission de protéger l'individu contre lui-même, et la souveraineté individuelle interdit à quiconque toute violation de l'environnement mais aussi du corps d'autrui. C'est ainsi que la doctrine, si elle n'interdit pas le principe de la vaccination, s'oppose à l'obligation vaccinale. Mais, surtout, l'aspect altruiste de la vaccination vient en contradiction avec la philosophie d'Ayn Rand. Pour elle, seul l'individualisme est garant de l'intégrité intellectuelle, la vie en société ne pouvant être que compromission et corruption. Aucun geste altruiste ne trouve donc grâce à ses yeux.

En 1971, le parti libertarien américain est créé en dissidence de la fraction la plus à droite du parti

---

1. Poulet B., « Ces étranges libertariens, si influents en Amérique », *L'Express*, 1er octobre 2009.

2. Caré S., *La Pensée libertarienne. Genèse, fondements et horizons d'une utopie libérale*, *op. cit.*

républicain. Ce parti très minoritaire a toutefois influencé des acteurs majeurs de la politique américaine comme l'économiste Milton Friedman ou Alan Greenspan, ex-directeur de la Réserve fédérale américaine.

L'idéologie libertarienne est très présente en Californie, notamment dans la Silicon Valley au sein des start-ups, devenues les sociétés technologiques majeures du XXIe siècle. Peter Thiel, coinventeur avec Elon Musk de PayPal, et de nombreux dirigeants de ces géants du numérique, détestent le principe de la régulation économique et expriment sans ambiguïté leur souhait de se débarrasser de la tutelle de Washington[1].

À Hollywood, nombreux sont les adeptes de cet antiétatisme moral et économique. Clint Eastwood, Angelina Jolie ou Brad Pitt sont acquis à cette idéologie[2] ainsi que de nombreuses stars. La doctrine est parfois reprise dans des séries telles que *House of Cards* ou *Hunger Games*, ouvertement antiautorités. Certains voient dans les scénarios des blockbusters Marvel la démonstration que quelques individus milliardaires et puissants sont plus efficaces que l'État américain lui-même dans la garantie de la paix dans le monde.

En politique, le mouvement dispose de nombreux représentants dont le plus médiatique est le sénateur républicain Rand Paul, candidat à la primaire de 2016 et fils du député libertarien Ron Paul. Un candidat libertarien se présente à chaque élection présidentielle aux

1. Moutot A., « Rébellion et contre-culture, marques de fabrique de la très libertarienne Silicon Valley », *Les Échos*, 29 février 2016.

2. Gendron G., « Les libertariens sont parmi nous », *Libération*, 14 septembre 2015.

États-Unis, et, en 2016, le libertarien Gary Johnson a obtenu un score record de 3,28 % des voix, soit 4 489 233. En 2020, Jo Jorgensen n'a réuni que 1,1 % des voix, soit 1,6 million de voix tout de même. Son programme mérite d'être évoqué : réduction drastique du poids du gouvernement fédéral, libre-échange, décriminalisation du cannabis, élargissement de l'autorisation de port d'armes, légalisation du mariage homosexuel, isolationnisme. « Mon plan est de transformer l'Amérique en une Suisse géante et armée », déclare-t-elle sur son site internet[1]. Si elle précise avoir fait vacciner ses enfants, elle est profondément opposée à l'obligation vaccinale ; elle explique : « Exiger des gens qu'ils vaccinent leurs enfants est l'une des choses les plus graves que le gouvernement puisse faire[2]. » Concernant l'épidémie de Covid-19, elle préconise de réserver les mesures barrières aux personnes à risque et de laisser à chaque individu l'initiative de se confiner, évitant ainsi toute mesure obligatoire. On retrouve ici les thèmes de la liberté individuelle et du libéralisme économique qui ne peuvent s'accommoder des contraintes d'un confinement généralisé.

En France, une étude de la Fondation Jean-Jaurès[3] sur la sociologie des « antimasques » montre leur adhésion

1. Chamberlain S., « Libertarian nominee Jo Jorgensen on voting third party and why America should be more like Switzerland », Fox News, 28 septembre 2020.

2. https://www.ouest-france.fr/monde/etats-unis/elections-americaines/elections-americaines-arrivee-troisieme-du-scrutin-qui-est-jo-jorgensen-7041403

3. Bristielle A., *Penser pour agir*, Fondation Jean-Jaurès, 7 septembre 2020.

aux idées libertariennes. Si, selon Antoine Bristielle, professeur agrégé de sciences sociales et chercheur en sciences politiques, ces militants antimasques se rapprochent des « antisystèmes » que nous connaissons, on note que le mouvement reste quasiment inconnu dans l'Hexagone. Guillaume Gendron, pour *Libération*, identifie Gaspard Koenig comme le représentant des idées libertariennes en France, mais l'intéressé se définit lui-même plutôt comme un libéral. Son affirmation : « On ne peut pas différencier les libertés économiques et sociétales, entre Uber et la GPA » le rapproche de cette philosophie politique.

La vaccination semble être un thème accessoire du libertarianisme. Cependant, le débat sur la liberté individuelle et la présence ou non de l'État prend une place majeure à l'heure de l'épidémie de Covid-19. L'opposition à l'obligation vaccinale, au cœur du discours des libertariens, est un débat historique.

Les expériences d'obligation vaccinale

Dès le XVIIIe siècle, des expériences d'obligation vaccinale ont été menées avec des résultats variés, incitant à une analyse parfois difficile pour en tirer les conséquences. Selon les époques, mais aussi les pays, des stratégies différentes ont été mises en place. Quels en sont les résultats en termes de couverture vaccinale mais aussi en termes de confiance dans la vaccination ?

Dès 1807, en Allemagne, la Bavière rend obligatoire la vaccination de tous les enfants. Dès 1864, tout enfant allemand doit être vacciné avant l'âge de 2 ans sous peine d'amende voire d'emprisonnement. Lors de la guerre de 1870, l'épidémie de variole est en pleine recrudescence dans toute l'Europe. En France, l'armée va compter 170 000 cas et 23 500 décès pour 600 000 hommes. Dans l'armée allemande, tous les soldats sont vaccinés depuis 1830. 459 morts seront à déplorer de l'autre côté du Rhin, et certains historiens pensent que la vaccination antivariolique de l'armée prussienne a pu être déterminante dans l'issue de cette guerre[1, 2].

Cet événement entraîne l'Allemagne de Bismarck à rendre la vaccination obligatoire pour tout l'empire. Le Reichstag vote le 24 avril 1874, malgré la réticence des sociaux-démocrates, l'obligation vaccinale pour toute la population. Ces réticences sont fortes, et argumentées autour de la liberté individuelle et de la dangerosité des vaccins. Toutefois, l'obligation vaccinale demeure. Sous la république de Weimar, l'idéal allemand du corps sain et athlétique obtenu grâce à une vie équilibrée et une culture physique intensive s'associe à la pratique du nudisme et aux philosophies naturalistes. La stigmatisation des populations non aryennes, fondée entre autres sur ces arguments, apparaît alors.

---

1. Darmon P., « Vaccins et vaccinations avant Jenner : une querelle d'antériorité », in *Histoire, économie et société*, Persée, 1984, 3ᵉ année, n° 4, *Santé, médecine et politiques de santé*, p. 583-592.

2. Salvadori F., Vignaud L.H., *Antivax Histoire de la résistance aux vaccins du* XVIII*ᵉ siècle à nos jours,* Vendémiaire, 2019.

À l'arrivée du nazisme en 1933, une division oppose au sein du parti ceux qui défendent la dignité et l'autorité d'une médecine académique conventionnelle et ceux qui soutiennent une médecine plus naturelle : la *Neue Deutsche Heilkunde*. Richard Ungewitter, nazi de la première heure et antisémite convaincu, est un des fondateurs du mouvement naturiste. Il revendique cette pratique comme un moyen d'identifier les Juifs instantanément ! Il se plaint, pour son propre cas, d'une santé fragile qu'il attribue à une vaccination antivariolique, qui serait, selon lui, un crime contre la race. De même, Julius Streicher, chef de district (*Gauleiter*) de Franconie, dénonce la vaccination obligatoire (*Impfzwang*) comme un empoisonnement de la race. Il dirige un journal qui publiera une caricature représentant un Juif, actionnaire d'un laboratoire, écrasant un jeune Aryen symbolisant la médecine naturelle (*Naturheilmittel*) sous l'œil de deux médecins portant l'étoile de David. L'antivaccinisme est donc très répandu au sein de la hiérarchie nazie.

Dans ce contexte, le Dr Hans Thomsen, expert de la politique étrangère du IIIe Reich, échange une correspondance sur le sujet avec le révérend Ernest Francis Udny. Ce pasteur anglais vient d'écrire un article dans le *Daily Express* évoquant le durcissement de la politique allemande d'obligation vaccinale. Thomsen exprime alors son désaccord : « [...] pour autant que je sache, l'école allemande de médecine ne croit pas à la pratique de l'injection de germes et de sérum dans l'organisme. Nos médecins sont beaucoup plus disposés à s'appuyer sur les forces naturelles du corps humain réagissant normalement contre les attaques en cas de maladie, et trouvent dans la force de cette réaction une meilleure preuve de vitalité que celle pouvant être obtenue par le contenu des ampoules de toutes origines. » Cette position est présentée par certains historiens[1] comme celle du Führer.

Des rumeurs d'abolition de la loi de 1874 circulent et sont démenties par Rudolf Hess, personnalité majeure du IIIe Reich. Certains Länder allemands interdisent les associations et publications opposées à la vaccination. En 1934, Hitler aurait déclaré être en faveur du maintien de l'obligation vaccinale. La Wehrmacht tient à cette obligation ayant certainement en mémoire l'épisode de la guerre de 1870. La loi sera donc conservée. On peut penser qu'il s'agit là davantage du pragmatisme des militaires qui l'emporte sur la philosophie nazie.

En Angleterre, où sont nées l'inoculation puis la vaccine, une proposition de loi de 1840 propose d'organiser des séances de vaccination pour les pauvres. La Chambre des communes l'accepte, et tous les enfants doivent être vaccinés. Six actes du Parlement soutenus par la reine Victoria et son gouvernement seront publiés entre 1840 et 1867 pour encourager puis rendre obligatoire cette vaccination. Des peines d'amende et même de prison sont prévues puis appliquées, et la couverture vaccinale remonte à près de 90 % en 1890. Des manifestations d'opposition s'organisent, le débat sur l'objection de conscience est très vif. En 1898, le Parlement vote le

1. Hau M., *The Cult of Health and Beauty in Germany. A Social History, 1890-1930*, The University of Chicago Press, 2003.

Vaccination Act qui instaure cette clause de conscience. Les parents refusant la vaccination de leur enfant doivent déposer devant un juge une déclaration de refus exprimant une crainte « sincère » sur les conséquences néfastes du vaccin sur la santé de l'enfant. L'appréciation des magistrats pouvant être très variable, l'application du texte dépend de l'opinion du juge et peut dans certains cas se révéler injuste. En 1906, une réforme simplifie la procédure. La couverture vaccinale baisse mais malgré tout l'Angleterre affirme sa politique de liberté vaccinale[1, 2]. Cette culture de simples recommandations est assortie aujourd'hui de taux de couverture vaccinale élevés. La France, quant à elle, peine à appliquer la même politique.

En France, l'Académie de médecine prône l'obligation vaccinale antivariolique dès 1847 sans que le législateur prenne en compte cette recommandation. En 1901, le Sénat examine un projet de loi rendant la vaccination obligatoire dans la première année de vie avec revaccination à 11 et 21 ans. Cet article sera intégré dans la loi d'obligation vaccinale du 15 février 1902. Toutefois, ni l'organisation opérationnelle de la campagne vaccinale, ni son financement ne sont spécifiés dans ce texte, ce qui pèsera sur l'efficience de cette loi. Il s'agit en fait d'un texte de principe qui n'est pas véritablement appliqué. Sa mise en œuvre est un échec attribué aux

1. Salvadori F., Vignaud L. H., *Antivax Histoire de la résistance aux vaccins du XVIIIe siècle à nos jours*, *op. cit.*
2. Bazin, H., *L'Histoire des vaccinations*, *op. cit.*

communes en charge de l'organisation de la campagne vaccinale, mais se pose la question de la véritable volonté politique.

Au début de la Première Guerre mondiale, un nouveau texte d'obligation vaccinale est promulgué, et on peut penser que cela a participé à l'absence de grande épidémie de variole telle que celle qui a été observée lors de la guerre de 1870. La couverture vaccinale n'est pas bonne, et l'absence de grande épidémie n'incite pas la population à la vaccination[1]. Les instituteurs sont sollicités pour le contrôle des certificats de vaccination, d'une part, mais aussi pour leur rôle pédagogique en faveur des vaccins, et la couverture vaccinale se renforce alors.

À la fin des années 1930, les vaccinations contre la diphtérie et le tétanos deviennent également obligatoires. Mais c'est après la Seconde Guerre mondiale, avec l'apparition du BCG, qu'une volonté politique plus forte d'appliquer la loi va relancer le débat. Cette obligation, inspirée de comparaisons internationales, s'inscrit dans une logique sociale face à la gravité de l'épidémie de tuberculose. Les critiques, à l'époque, portent davantage sur les modalités de la campagne que sur l'efficacité, pourtant assez modeste, du BCG. Cette nouvelle loi d'obligation vaccinale est votée en décembre 1949, 574 voix pour et 4 contre, dans une forme de consensus politique[2].

1. Bertrand A., Torny D., *Libertés individuelles et santé collective. Une étude socio-historique de l'obligation vaccinale*, Rapport final CNRS UMR 8559 – INSERM U502 – EHESS, 2004.

2. *Le Monde*, 21 décembre 1949.

Ce texte va relancer l'opposition à la vaccination autour d'arguments classiques : l'absence d'intérêt individuel, les accidents attribués à la vaccination, qui occupent le centre du débat. On peut citer l'exemple des « abcès froids » d'origine tuberculeuse survenant au niveau du site d'injection chez certains patients vaccinés contre la diphtérie. Ces accidents étaient alors probablement liés à la mauvaise stérilisation du matériel d'injection, à une époque où le matériel à usage unique n'est pas encore courant[1].

Pour apaiser le débat, un texte permettant aux médecins de produire des « certificats de contre-indication » à la vaccination est voté en 1952. C'est aussi l'époque de la renaissance de la Ligue nationale pour la liberté des vaccinations, nous y reviendrons. Quoi qu'il en soit, en dépit de la loi de 1950 sur le BCG, la couverture vaccinale reste faible, et les résistances idéologiques sont de nouveau attisées. C'est dans ce contexte, en 1953, que la découverte d'un vaccin contre la poliomyélite est annoncée par Jonas Salk[2] aux États-Unis. Les premiers essais sont encourageants, et la campagne vaccinale est lancée en grande pompe pour le dixième anniversaire de la disparition du président Roosevelt, victime lui-même de la poliomyélite. Malheureusement, un lot de

1. https://www.lemonde.fr/archives/article/1951/04/10/trois-nouveaux-cas-d-abces-froids-tuberculeux-apres-vaccination-a-l-anatoxine_2078741_1819218.html

2. Francis T. Jr, « *Evaluation of the 1954 poliomyelitis vaccine field trial. Further studies of results determining the effectiveness of poliomyelitis vaccine (Salk) in preventing paralytic poliomyelitis* », JAMA, 1955 ; 158 : 1266-70.

vaccins mal inactivés va contaminer des milliers d'enfants et être à l'origine de onze décès. La campagne de vaccination s'arrête, et même si un autre vaccin, atténué celui-ci, et administré par voie orale s'impose, le soupçon va peser dans la durée sur cette vaccination[1].

Un débat s'installe alors en France sur la nécessité d'une obligation vaccinale contre la polio. La rentabilité économique de cette vaccination et les rapports entre gratuité et obligation font l'objet de discussions. L'Académie de médecine, longtemps favorable à l'obligation vaccinale, infléchit sa position en 1962[2], préférant la gratuité à l'obligation, qui surviendra malgré tout en 1964[3].

En 1969, une forte épidémie de grippe touche l'Europe, avec un nombre de décès estimé à environ 8000[4]. Une large campagne d'information sur la vaccination antigrippale est mise en place et rencontre un succès remarquable. C'est d'autant plus inattendu que ce vaccin n'est ni obligatoire ni même remboursé. La Caisse nationale d'assurance maladie de l'époque rappelle, par la voix de son conseil d'administration[5], « qu'aux termes

---

1. *Le Figaro*, 7 mai 1955; https://www.lefigaro.fr/histoire/archives/2015/04/10/26010-20150410ARTFIG00303-l-innocuite-du-vaccin-contre-la-polio-mise-a-mal-un-mois-apres-son-lancement.php

2. Annales Documents parlementaires, vol 5.

3. http://www.grog.org/documents/guide_des_vaccinations_2006.pdf

4. Bertrand A., Torny D., *Libertés individuelles et santé collective. Une étude socio-historique de l'obligation vaccinale*, *op. cit.*

5. https://www.lemonde.fr/archives/article/1971/10/23/la-vaccination-antigrippale-ne-peut-etre-remboursee-precise-la-caisse-d-assurance-maladie-de-la-region-parisienne_2473807_1819218.html

de la législation en vigueur, les soins préventifs – et en particulier les vaccinations – ne peuvent donner lieu à remboursement». La prévention ne fait pas partie des priorités à l'époque, cette disposition ne sera modifiée que dans les années 1980. Toutefois, on peut penser que l'élan vers la vaccination est la conséquence de la pression épidémique, le caractère préventif de l'acte vaccinal devenant alors beaucoup plus intuitif.

La vaccination contre la tuberculose par le BCG est toujours obligatoire, et la couverture vaccinale a fini par atteindre des chiffres respectables. En 1975, la Suède expérimente une vaccination plus ciblée sur des critères géographiques et populationnels qui se traduit par un échec retentissant[1]. Un large débat s'instaure sur l'organisation, en France, d'une vaccination ciblée sur des critères géographiques et sociaux de manière à toucher les populations les plus à risque de tuberculose. Mais, en 2006, le Comité consultatif national d'éthique s'oppose à une obligation ciblée la jugeant discriminatoire et risquant de stigmatiser une population fragile. C'est ainsi que l'obligation vaccinale est suspendue en juillet 2007. Une «recommandation» s'y substitue, sa complexité, défaut récurrent de notre administration, la rend difficile à appliquer, mais le rôle des professionnels de santé y est souligné en leur laissant une marge de manœuvre salutaire[2].

---

1. Torny D., *De l'obligation vaccinale à la recommandation*, Rapport pour le Haut Conseil de santé publique, 2010.
2. Bertrand A., Torny D., *Libertés individuelles et santé collective. Une étude socio-historique de l'obligation vaccinale*, *op. cit.*

Pendant ce temps, que s'est-il passé pour la variole ? Dans les années 1970, la maladie a disparu en France, le vaccin est, lui, toujours obligatoire. Le débat sur des accidents reprochés à cette vaccination est virulent. La controverse scientifique n'empêche pas le Parlement de reconnaître le droit à la réparation du préjudice subi à toutes les victimes des vaccinations obligatoires[1]. Ce texte subira de nombreuses évolutions[2]. L'éradication de la variole dans le monde est affirmée par l'OMS en 1980, et les obligations vaccinales devenues obsolètes sont abandonnées dès 1972 au Royaume-Uni, aux États-Unis, au Canada, en Allemagne en 1975 et seulement en 1984 en France.

Il n'en faut alors pas moins à la Ligue nationale pour la liberté des vaccinations pour s'allier avec une partie de l'extrême gauche française, réécrire l'histoire vaccinale et dénoncer les intérêts marchands des laboratoires et du grand capital, rejoignant ainsi l'argumentaire classique de cette famille politique[3].

On constate donc que la fin du XXe siècle est marquée, en France, par le recul des obligations vaccinales. Le début du XXIe, quant à lui, l'est par un recul des couvertures vaccinales, comme l'indique la reprise de

1. https://www.lemonde.fr/archives/article/1975/04/21/l-etat-supportera-les-dommages-eventuels-provoques-par-la-vaccination-obligatoire_2594252_1819218.html

2. Lingibé P., « Quelle responsabilité en matière de vaccination ? », Village de la justice, 23 octobre 2020.

3. Bertrand A., Torny D., *Libertés individuelles et santé collective. Une étude socio-historique de l'obligation vaccinale*, *op. cit.*

certaines épidémies, telle la rougeole, par exemple. Agnès Buzyn, ministre des Solidarités et de la Santé entre 2017 et 2020, décide alors de rendre obligatoires huit nouvelles vaccinations en plus de la polio, la diphtérie et le tétanos[1]. En 2019, un premier bilan démontre une augmentation significative des couvertures vaccinales, en particulier pour le méningocoque (+ 36,4 %) et le vaccin hexavalent du nourrisson (+ 5,4 %) protégeant contre la diphtérie, le tétanos, la poliomyélite, la coqueluche, l'hépatite B et les infections à Haemophilus influenzae de type b[2]. En 2020, toutefois, la sidération sociale liée à l'épidémie de Covid-19 et aux confinements successifs a vu ces résultats encourageants se dégrader[3].

En Europe, seize pays n'ont aucune obligation vaccinale, avec souvent d'excellents résultats, comme en Suède où les enfants reçoivent à plus de 95 % les neuf vaccinations recommandées. Des obligations vaccinales sont en place en France, en Italie et dans certains pays de l'est de l'Europe[4]. Aux États-Unis, chaque État décide de sa politique vaccinale ; toutefois, certaines vaccinations sont

1. https://www.gouvernement.fr/argumentaire/sante-la-reforme-des-vaccins-en-5-questions

2. https://solidarites-sante.gouv.fr/actualites/presse/communiques-de-presse/article/semaine-europeenne-de-la-vaccination-du-24-au-30-avril-2019-une-campagne

3. https://www.who.int/fr/news/item/15-07-2020-who-and-unicef-warn-of-a-decline-in-vaccinations-during-covid-19

4. Jalinière H., Sermondadaz S., « Vaccination obligatoire ou recommandée : comment font nos voisins européens ? », *Sciences et Avenir*, 31 janvier 2018.

requises pour l'inscription des enfants dans les établissements scolaires[1]. En Australie, enfin, les vaccinations obligatoires sont contrôlées, et des amendes significatives sont appliquées en cas de non-respect de cette règle. En 2015, le Premier ministre de l'époque, Tony Abbott, propose même un projet de loi visant à supprimer les allocations familiales des familles ne faisant pas vacciner leurs enfants[2]. Cette mesure, destinée à limiter les exemptions religieuses, n'a pas encore été mise en œuvre ; cependant, ce pays revendique un des meilleurs taux de couverture vaccinale au monde, y compris pour la vaccination HPV où les résultats en population se font largement ressentir, nous y reviendrons.

L'obligation vaccinale est donc très diversement mise en place. Elle est le plus souvent destinée à renforcer la confiance de la population et des professionnels dans la vaccination. Les sanctions en cas de non-respect sont finalement peu appliquées, en France en tout cas. Les couvertures vaccinales ont tendance à augmenter (souvent modérément), comme en France après 2017, mais les discours antivax se sont renforcés – l'argument de la liberté individuelle trouve écho auprès du grand public et des soignants. Certains pays sont plus rigoureux. C'est le cas de l'Australie, par exemple, mais le contexte social est différent et probablement pas transposable à l'Hexagone.

---

1. https://professionnels.vaccination-info-service.fr/Aspects-reglementaires/Politique-vaccinale/Politique-vaccinale-a-l-etranger
2. https://www.lemonde.fr/asie-pacifique/article/2015/04/12/bientot-plus-d-allocations-sans-vaccination-en-australie_4614486_3216.html

La sortie de ces obligations est manifestement difficile et rarement anticipée. La conversion en «recommandation» est parfois mal comprise par la population et peut alors être ressentie comme un désaveu. L'obligation est donc un outil difficile à utiliser : le vaccin est l'objet d'un débat public qui fait de la vaccination un sujet éminemment politique, dépassant largement le cadre de débats médicaux. C'est la santé publique qui est en jeu, et la volonté de se faire vacciner est analysée comme une marque de confiance envers la stratégie de santé du gouvernement en place, voire envers sa politique en général. L'étude des différents profils de l'antivaccinisme va nous montrer les liens souvent puissants que ce mouvement a noués avec des idéologies politiques[1].

1. Zielinska A. C., «Le mouvement d'opposition aux vaccins : une analyse anthropologique et philosophique», *Actualité et dossier en santé publique (ADSP)*, 2019.

3

Qui sont les antivax ?

Dans l'analyse des profils antivax, il est important de distinguer les « résistants » et les « hésitants ».

On l'a vu précédemment, la résistance antivax est soutenue par des philosophies qui dépassent largement le problème de la vaccination. Les militants de ces mouvements peuvent être très virulents, et cette résistance peut être qualifiée de « vaccinophobie »[1]. Qu'ils l'affichent ou non, ces groupes, souvent d'effectifs restreints, sont organisés. Ils utilisent, entre autres, les réseaux sociaux avec une grande maîtrise et une coordination assez poussée, nous y reviendrons.

Il en va différemment de ceux qualifiés d'« hésitants » – les études publiées à leur sujet sont par ailleurs de plus en plus nombreuses. Parfois noyés dans une masse d'informations contradictoires, ils se posent des questions tout à fait légitimes. Ils restent certes ouverts au

1. Guimier L., « Approche géopolitique de la résistance aux vaccinations en France : le cas de l'épidémie de rougeole de 2008-2011 », thèse de doctorat en géopolitique, Paris-8, Sciences sociales, 2016 ; https://www.theses.fr/2016PA080143

débat, mais souhaitent simplement comprendre l'intérêt et le danger éventuel d'un vaccin.

Historiquement, les religieux ont, pour les plus conservateurs, toujours été réticents à la vaccination. Comme nous l'avons évoqué précédemment, les premiers opposants à la variolisation furent des pasteurs protestants qui s'exprimèrent dès l'apparition de la technique au XVIIIe siècle, une opposition davantage de nature morale et sociétale que purement religieuse.

Plus étonnant peut-être, certains médecins sont également de très violents opposants à la vaccination et instillent le doute dans l'esprit du grand public. Leurs motivations sont multiples, philosophiques, ultraconservatrices ou encore naturalistes. Quelques-uns peuvent également être en recherche d'une médiatisation perdue quand d'autres s'inscrivent dans un complotisme en vogue.

Nous évoquerons aussi, à titre d'exemple, quelques personnalités et leaders d'opinion pour comprendre leurs motivations et leurs moyens d'expression, et quel impact leurs propos et leurs comportements peuvent avoir sur les citoyens.

Religions et vaccination

Les préconisations religieuses concernant la vaccination ont été largement détaillées dans une excellente synthèse de John Grabenstein[1].

---

1. Grabenstein J. D., « What the world's religions teach, applied to vaccines and immune globulins », *Vaccine*, n° 31, 2013, 2011-23.

L'étude des couvertures vaccinales dans les différents pays du monde montre que l'Iran chiite tolère parfaitement la vaccination et que dans l'Arabie Saoudite sunnite l'incompatibilité religieuse avec les vaccins est l'une des plus faible au monde[1]. En revanche, alors que l'éradication de la polio est un objectif prioritaire de l'OMS[2], le Pakistan et l'Afghanistan sont les pays qui vaccinent le moins bien contre ce virus. En 2018, une recrudescence des cas de polio chez les enfants a été enregistrée par l'OMS[3]. Outre les difficultés liées à la sécurité et à l'accessibilité des territoires, cela s'explique aussi par les factions fondamentalistes islamistes qui entretiennent la peur et les théories du complot[4]. Certains talibans affirment que les vaccins occidentaux rendent la population stérile, affirmation sans aucun fondement[5]. Au Pakistan, dans les années 1990, la CIA a infiltré certaines zones sous le prétexte d'une campagne de vaccination afin de localiser Ben Laden. En collaboration avec un médecin pakistanais complice,

1. Larson H. J., de Figueiredo A., Xiahong Z., Schulz W. S., Verger P., Johnston I. G., *et al.*, « The State of Vaccine Confidence 2016 : global insights through a 67-country survey », *EBioMedicine* (2016) 12 : 295–301.

2. https://www.who.int/fr/news/item/25-08-2020-global-polio-eradication-initiative-applauds-who-african-region-for-wild-polio-free-certification

3. https://apps.who.int/iris/bitstream/handle/10665/329923/WER9446-eng-fre.pdf?ua=1

4. Salvadori F., Vignaud L. H., *Antivax. La Résistance aux vaccins du XVIIIe siècle à nos jours*, *op. cit.*

5. Tanveer J., « En Afghanistan, les théories du complot alimentent la résurgence de la polio », *L'Express*, 16 juin 2019.

le Dr Shakil Afridi, le chef d'Al-Qaïda a été localisé à Abbottabad, petite ville de garnison pakistanaise qui abrite l'académie militaire du pays. Une intervention commando américaine a alors pu intervenir, et le chef des opérations du 11 septembre 2001 a été abattu. Les autorités pakistanaises ont très mal vécu cet épisode pour des raisons de souveraineté évidentes[1]. Le médecin pakistanais complice a été arrêté puis condamné pour des « liens avec les extrémistes ». La médiatisation de cet événement a renforcé les réticences à la vaccination dans le pays, par ailleurs amplifiées par les discours islamistes et par les autorités pakistanaises ulcérées par l'intervention de Donald Trump qui avait prétendu avoir la capacité de faire libérer ce médecin pakistanais.

Au Nigeria, la polio est devenue endémique au début des années 2000 après un boycott des vaccins intervenu dans les régions du nord du pays. Après une controverse sur l'essai thérapeutique d'un nouvel antibiotique en 1996 (le Trovan®), le laboratoire Pfizer avait été mis en cause à la suite du décès de plusieurs enfants. Après une longue bataille juridique, le laboratoire, qui contestait les faits, a finalement versé un dédommagement aux familles des victimes et à l'État de Kano, principale région à avoir été touchée. Le produit incriminé est sans rapport avec la vaccination, mais par amalgame le vaccin a été condamné par certains dirigeants islamiques et par les leaders de Boko Haram, groupe djihadiste

1. Blavignat Y., « Pakistan : le médecin qui a permis de localiser Ben Laden transféré de sa prison », *Le Figaro*, 27 avril 2018.

insurrectionnel dans le nord du pays. Une flambée de l'épidémie de polio est alors survenue, et le Nigeria a enregistré la moitié des cas de polio dans le monde[1]. L'OMS, en collaboration avec le pouvoir central du pays et les autorités religieuses, a pu organiser, malgré le climat de guerre civile, plusieurs campagnes de vaccination dans des conditions difficiles et déclarer l'éradication du virus sauvage de la polio au Nigeria en 2020.

Ces exemples montrent que des talibans et des conservateurs ultrareligieux s'appuient souvent sur un événement réel, en détournent la nature et transforment les vaccins et les vaccinateurs en cibles pour le terrorisme[2]. Malgré tout, les autorités locales, en collaboration avec l'OMS, réussissent à déployer des campagnes vaccinales efficaces[3].

Dans certains pays à majorité musulmane circule une rumeur sur la présence de dérivés porcins dans les vaccins. Les virus n'ayant pas d'existence autonome, ils doivent être cultivés sur des cellules en culture. Certains vaccins atténués utilisent des cellules vivantes de rein de singe (vaccin polio) et d'embryon de poulet (vaccin rougeole, oreillons) ou de cellules humaines (rubéole). Ces cellules sont éliminées du produit au cours du procédé

---

1. Lawal S., « How Nigeria beat polio : from 'hit-and-run'vaccine squads to digging wells », *The Telegraph*, 22 octobre 2020.

2. « Au Pakistan, les vaccinateurs antipolio face à la rumeur et à la violence », *Sciences et Avenir* avec AFP, 26 avril 2019.

3. Ahmed A. *et al.*, « Outbreak of vaccine-preventable diseases in Muslim majority countries », *Journal of Infection and Public Health*, 2018; 11 (2) : 153-155.

de purification. D'autres vaccins font appel à des stabilisants qui permettent de maintenir la qualité du vaccin tout au long de son parcours. Il s'agit souvent d'albumine recombinante (fabriquée en laboratoire) ou d'origine humaine. De la gélatine d'origine porcine peut également être utilisée ; cinq produits sont concernés en France[1], selon la Direction générale de la santé (DGS) : M-M-RVAXPRO, ProQuad, Varivax, Zostavax, Fluenz Tetra. Le seul vaccin, parmi les onze devenus obligatoires en 2018, qui en comporte est le M-M-RVAXPRO. Il peut être substitué par le Priorix, qui, lui, n'en contient pas. Ce problème a été soulevé par les oulémas indonésiens (théologiens islamiques) en 2018. Ceux-ci, tout en soutenant son utilisation, ont confirmé l'information. De nombreux parents ont alors refusé de vacciner leurs enfants[2], y compris contre la polio bien que ce vaccin ne contienne pas de gélatine de porc.

Un autre argument est souvent évoqué : la présence de cellules fœtales dans les vaccins. Les virus ne se développent pas isolément, il leur faut des cellules hôtes. Dans les années 1970, des recherches ont été menées à partir de cellules fœtales issues de produits d'avortement. Les recherches ont ensuite pu se poursuivre sur des lignées cellulaires, c'est-à-dire sur ces mêmes cellules qui ont été cultivées en laboratoire sans avoir eu besoin

1. Senecat A., « Les vaccins contiennent-ils "du porc, du chien et du fœtus humain" ? », *Le Monde*, « Les Décodeurs », 24 juillet 2017.

2. https://jeanyvesnau.com/2018/08/31/refus-des-vaccinations-et-religions-fatwa-indonesienne-fraternite-saint-pie-x-et-anthroposophie

de nouveaux prélèvements embryonnaires – ces cellules pouvant être cultivées pendant plusieurs décennies et ne nécessitant pas de nouveaux fœtus. Au moment de la purification des vaccins avant leur utilisation, ces cellules sont bien sûr éliminées, et aucun vaccin commercialisé ne contient de cellules fœtales, ni aucune cellule en général. Pour exemple, les vaccins contre le Covid-19 AstraZeneca/Oxford, Moderna, CanSino et Inovio Pharmaceuticals font ainsi usage d'une lignée de cellules de rein de fœtus dénommée HEK-293, issue d'un fœtus avorté en 1972 aux Pays-Bas[1].

Sur l'aspect éthique de cette utilisation de cellules fœtales, les autorités catholiques ont été très claires. La très stricte Congrégation pour la doctrine de la foi appartenant à la Curie romaine et présidée jusqu'en 2005 par le cardinal Ratzinger, le futur pape Benoît XVI, considère ces vaccins comme moralement acceptables[2].

Certaines interrogations concernent également la communauté juive. John D. Grabenstein[3] explique que les principes judaïques mettent l'accent sur l'aspect altruiste de la prévention au sein de la communauté. Il est donc recommandé « de ne pas rester les bras croisés pendant qu'un voisin est en difficulté ». Ce principe est

1. https://www.pdcnet.org/C1257D43006C9AB1/file/5265B61D5497F52585257D94004802BB/$FILE/ncbq_2006_0006_0003_0077_0099.pdf

2. https://www.vaticannews.va/fr/vatican/news/2020-12/doctrine-foi-vaccin-anticovid-vatican-pandemie-pape-francois.html

3. Grabenstein J. D., « What the World's religions teach, applied to vaccines and immune globulins », art. cité.

ainsi retenu pour soutenir les campagnes vaccinales. Dès 1785, les rabbins soutiennent la variolisation, et, dans les années 1850, le rabbin Yisrael Lipshutz honore Edward Jenner pour ses efforts dans le développement de la vaccination contre la variole. Certaines communautés juives toutefois, souvent ultra-orthodoxes, peuvent avoir une lecture différente de la loi juive. C'est ainsi que dans des communautés orthodoxes de Londres en 2007[1], de Belgique en 2007-2008[2] ou à New York[3] une faible couverture vaccinale a pu être responsable d'épidémies de rougeole. Les autorités américaines s'en sont inquiétées et l'État de New York a alors supprimé toute exemption religieuse parfois invoquée par les parents pour contourner les obligations de vaccination dans les écoles[4].

Très récemment, concernant la vaccination contre le Sars-CoV-2, les autorités religieuses juives[5] et musulmanes[6] ont déclaré les vaccins contre le Covid-19 (CoronaVac et Sinovac distribués en Indonésie notamment) casher et

1. https://www.eurosurveillance.org/content/10.2807/esw.12.38.03271-en

2. https://www.eurosurveillance.org/content/10.2807/ese.14.02.19087-en

3. Leparmentier A., « New York à l'offensive face à une épidémie de rougeole chez les juifs ultraorthodoxes », *Le Monde*, 8 avril 2019.

4. «Rougeole : New York supprime les exemptions religieuses à la vaccination », AFP, 13 juin 2019.

5. «Indonésie : l'autorité islamique déclare halal le vaccin Sinovac », *Le Figaro* (flash éco), 8 janvier 2021.

6. «Inquiétudes des musulmans concernant le statut halal du vaccin COVID-19», Iqna, Agence de presse internationale coranique, 20 décembre 2020.

halal pour couper court à toute interférence religieuse. De même, le Vatican[1] affirme que la gravité de la pandémie justifie l'utilisation de vaccins, y compris ceux produits en utilisant une méthode dont elle réprouve le principe (c'est-à-dire en utilisant des cellules fœtales dans le processus de fabrication). La plupart des chrétiens ne voient aucune objection à la vaccination, c'est le cas des catholiques romains, orthodoxes, anglicans, et de nombreuses églises protestantes[2]. Certaines congrégations protestantes, comme l'Église du Christ Scientiste ou d'autres aux Pays-Bas, découragent leurs fidèles de recourir à la vaccination, même dans la période d'épidémie mondiale de Covid-19 que nous connaissons[3]. Dans le monde catholique, on peut également citer l'exemple de la congrégation Saint-Pie X qui, sans être ouvertement vaccinophobe, rassemble de nombreux croyants refusant les immunisations.

L'exemple de l'épidémie de rougeole en France en 2008-2011 et la fraternité Saint-Pie X

Avec la progression de l'hésitation vaccinale, on a vu réapparaître en France des épidémies de rougeole.

1. « Le Vatican approuve les vaccins contre le Covid, même dérivés de fœtus avortés », *La Croix*, 22 décembre 2020.
2. Grabenstein J. D., « What the world's religions teach, applied to vaccines and immune globulins », art. cité.
3. « Foi aux Pays-Bas : Dieu ou le vaccin, choix difficile dans la ceinture de la Bible », *Courrier international.*

Cette maladie responsable d'une éruption cutanée et de fièvre peut se compliquer de troubles respiratoires pouvant survenir jusqu'à deux mois après l'éruption. Mais le risque majeur reste l'encéphalite, rare mais grave. Environ 20 % des cas de rougeole sont hospitalisés et son taux de mortalité est de l'ordre de 0,2 %[1] – les décès s'observant surtout chez des patients de moins de 1 an ou de plus de 20 ans.

Cette maladie avait pratiquement disparu depuis l'utilisation à large échelle d'un vaccin atténué mis au point en 1963. Au début du XXe siècle, cette maladie était la première cause de mortalité infantile en France[2]. Depuis 1971, le vaccin contre la rougeole est intégré dans une combinaison de trois vaccins, associé aux vaccins contre les oreillons et la rubéole. Son usage est généralisé en 1983, et le nombre de cas de rougeole passe de 400 000 cas à 44 000 en 1993. Depuis 2008, une épidémie sévit en France avec plus de 26 000 cas, 1 500 pneumopathies sévères et 23 décès dont 3 en 2018[3].

Cette épidémie a été étudiée en détail par Lucie Guimier dans une thèse[4] reprise par la suite dans une publication de la Miviludes (Mission interministérielle

1. https://www.santepubliquefrance.fr/maladies-et-traumatismes/maladies-a-prevention-vaccinale/rougeole/documents/bulletin-national/bulletin-epidemiologique-rougeole-donnees-de-surveillance-2019

2. Dommergues M.-A., « La rougeole », *Réalités pédiatriques*, 2020.

3. https://www.santepubliquefrance.fr/maladies-et-traumatismes/maladies-a-prevention-vaccinale/rougeole/documents/bulletin-national/bulletin-epidemiologique-rougeole.-donnees-de-surveillance-2019

4. Guimier L., « Approche géopolitique de la résistance aux vaccinations en France : le cas de l'épidémie de rougeole de 2008 », thèse citée.

de vigilance et de lutte contre les dérives sectaires)[1]. L'objectif est, dans ce travail très détaillé, « d'étudier les facteurs démographiques et socioculturels associés à la résistance vaccinale ». L'étude des différents génotypes viraux permet l'analyse de la diffusion géographique du virus. En Europe, entre 2007 et 2008, Lucie Guimier montre que l'épidémie se répand par l'intermédiaire de « groupes contacts » où la faible couverture vaccinale est favorable au développement du virus. Ces « clusters » touchent en particulier une population fragile socialement et/ou dénutrie et des groupes anthroposophiques, des Roms ou des communautés religieuses, juive orthodoxe, protestante conservatrice aux Pays-Bas (*Bible Belt*) ou catholique intégriste telle la Fraternité Saint-Pie X en Suisse et en France.

En France, en 2008, les premiers foyers apparaissent d'abord en Alsace et autour de la ville Reims, puis dans la région niçoise. Les premiers patients infectés ne sont pas ou incomplètement vaccinés. Puis deux nouveaux clusters se développent en milieu scolaire, en Bourgogne et dans le Nord. Une enquête épidémiologique des Agences régionales de santé (ARS) et de la DGS met en évidence un point commun entre ces établissements scolaires : ils appartiennent à la Fraternité Saint-Pie X, congrégation religieuse catholique fondée par Mgr Lefebvre et basée à Écône en Suisse. Cette enquête va permettre d'identifier le « patient zéro » de

1. Guimier L., Rapport d'activité 2016 et premier semestre 2017, *Études*, p. 115-136, https://www.derives-sectes.gouv.fr/sites/default/files/rapport/miviludes/2017/web_v2.pdf

cette épidémie : il s'agit d'une élève incomplètement vaccinée qui a fait un séjour en Autriche en avril 2008 et a eu un contact avec un cousin rougeoleux, lui aussi scolarisé dans une école de la même congrégation. À partir de 2009, l'épidémie s'étendra à tout le territoire français, sortant largement du cadre de cette communauté.

Les cadres de la Fraternité n'expriment pas ouvertement une franche opposition à la vaccination[1]. Toutefois, les blogs[2] et certaines publications et articles dans la presse religieuse[3] confirment la réticence philosophique à la vaccination dans ces groupes. Ce travail de thèse explore et analyse en détail la naissance d'une épidémie et le rôle du groupe religieux qui en a favorisé la diffusion[4].

Le cas d'Henri Joyeux

Proche de ce courant de pensée catholique traditionaliste, nous trouvons un autre exemple significatif, celui du très médiatique Pr Henri Joyeux. Fils d'un médecin engagé dans l'association Laissez-les vivre[5], mouvement anti-avortement, il a une formation de chirurgien digestif en cancérologie. On retrouve dans ses publications réfé-

1. https://laportelatine.org/documents/morale/doctrine-sociale/le-vaccin-contre-la-rubeole
2. https://www.leforumcatholique.org/message.php?num=847517
3. http://foyers-ardents.org/category/la-page-du-medecin/page/2
4. Guimier L., « Approche géopolitique de la résistance aux vaccinations en France : le cas de l'épidémie de rougeole de 2008-2011 », thèse citée.
5. Molénat J., « Une affaire de familles », *L'Express*, 6 novembre 2008.

rencées[1] un certain nombre de travaux sur l'alimentation mais aucun sur la vaccination. Il devient entre 2001 et 2013 président de l'association Familles de France[2], proche de La Manif pour Tous, association très conservatrice. Il appelle en 2013 à manifester contre le mariage entre personnes de même sexe, la PMA pour tous et l'adoption par des couples homosexuels[3]. Après un exercice au centre anticancéreux de Montpellier, il s'engage dans une croisade sur la nutrition et contre la vaccination. Il se défend d'être « antivaccin », mais aucun vaccin ne trouve grâce à ses yeux[4]. Il emboîte le pas à Romain Gherardi dans ses critiques sur les vaccins adjuvés à l'aluminium. Dans une démarche que nous détaillerons plus loin (*cf.* chapitre 4) ce dernier prétend, sans le démontrer, qu'il existe une toxicité neurologique de l'aluminium pour une faible partie de la population. Une pétition est lancée contre ce type de vaccins. Il organise des conférences avec Luc Montagnier, prix Nobel de médecine, et soutient que « le lait maternel est le meilleur des vaccins[5] », affirmation qui n'a pas de support scientifique[6].

---

1. https://pubmed.ncbi.nlm.nih.gov/?term=joyeux+h&show_snippets=off (consulté le 27 février 2021).
2. https://www.professeur-joyeux.com
3. Joanin L., « Mariage gay : "Les familles sont révoltée" selon le président de Familles de France », *Midi Libre*, 23 mars 2013.
4. Senecat A., « Covid-19 : le discours antivaccin dissimulé d'Henri Joyeux », *Le Monde*, « Les Décodeurs », 15 janvier 2019.
5. De Sakutin S., « Vaccination : la radiation du controversé Pr Joyeux examinée jeudi », *Sciences et Avenir*, 22 mai 2018.
6. Dorea J. G., « Breastfeeding and responses to infant vaccines : constitutional and environmental factors », *American Journal of Perinatology*, novembre 2012; 29 (10) : 759-75.

Pour l'anecdote, Sebastian Dieguez, chercheur en neurosciences, remarque que Luc Montagnier, comme d'autres, serait victime de la « maladie du Nobel »[1], se faisant l'écho de théories scientifiquement controversées, voire farfelues, sous couvert de leur notoriété. Certains de ces chercheurs de renom, arrivés en fin de carrière, peuvent croire que leur position leur permet de penser « qu'ils ont toujours raison et que, même s'ils ont tort, ils ont le droit de proposer des choses provocantes, inhabituelles[2] ».

Revenons à Henri Joyeux, communicant remarquable au charisme indiscutable. Il obtient en 2015 plus de un million de signatures dans une autre pétition contre le vaccin hexavalent pédiatrique[3]. Il milite également contre la vaccination HPV[4]. Une nouvelle pétition aurait été lancée sur ce thème également, mais elle n'est actuellement plus accessible sur son site.

Pour ses propos contre les vaccins et les pétitions qu'il lance, il est une première fois radié par la chambre disciplinaire du Conseil de l'ordre des médecins du Languedoc-Roussillon le 8 juillet 2016. Cette décision est annulée en appel le 26 juin 2018 par la chambre

1. Royaux J., « La "maladie Nobel" : Quand l'intelligence ne protège pas contre l'irrationalité » (traduction), Comité Para, 29 mai 2020.

2. https://www.egora.fr/actus-pro/insolite/63134-derapages-theories-fumeuses-surexposition-cette-etrange-maladie-qui-guette

3. De Sakutin S., « Vaccination : la radiation du controversé Pr Joyeux examinée jeudi », art. cité.

4. https://professeur-joyeux.com/2014/10/03/non-au-vaccin-contre-les-papillomavirus (consulté le 26 février 2021).

disciplinaire nationale. Cette instance s'appuie sur l'argument de la liberté d'expression[1]. Toutefois, le Conseil de l'ordre se pourvoit en Conseil d'État qui casse l'annulation de sa radiation le 24 juillet 2019[2]. Mais, en octobre 2019, Henri Joyeux fait l'objet de nouvelles procédures disciplinaires, et le Conseil national de l'ordre des médecins se porte partie civile dans une procédure pénale pour un « essai clinique sauvage » et pour « charlatanisme »[3]. Cette affaire très médiatisée à l'époque est révélée par l'Agence nationale de sécurité du médicament et des produits de santé (ANSM)[4]. Le Fonds Josefa, présidé par le Pr Jean-Bernard Fourtillan, pharmacien, et par Henri Joyeux, avait, selon l'ANSM, lancé un « essai clinique sauvage » consistant à utiliser sous forme de patchs cutanés deux molécules (la valentonine et le 6-méthoxy-harmalan) pour traiter des troubles neurologiques de type Parkinson ou Alzheimer. Jean-Bernard Fourtillan, dans un langage mystique, prétend que le système veille/sommeil lui aurait été « révélé » en 1994, et que la molécule de valentonine lui serait apparue « [...] dans des circonstances exceptionnelles ». Il poursuit : « J'étais sans doute la bonne personne au bon

1. De Sakutin S., « Vaccination : la radiation du controversé Pr Joyeux examinée jeudi », art. cité.

2. https://www.conseil-etat.fr/fr/arianeweb/CE/decision/2019-07-24/423628

3. « Essais cliniques "sauvages" : l'Ordre des médecins poursuit le professeur Joyeux », *L'Express* avec AFP, 4 octobre 2019.

4. De Sakutin S., « L'abbaye accueillait un "essai clinique sauvage" sur Parkinson et Alzheimer ? », *Sciences et Avenir*, 19 septembre 2019.

moment [...], dans ma petitesse d'homme de foi aimant et écoutant Dieu[1]. » Ce traitement était instauré au cours d'un séjour des patients à l'abbaye de Sainte-Croix près de Poitiers. Selon la directrice de la Miviludes Anne Josso, les patchs fabriqués en Allemagne étaient proposés aux patients contre un « don » de 1 000 à 2 500 euros. On remarque que, parmi les dirigeants de ce Fonds Josefa, siègent un médiateur du CHU de Poitiers et un expert auprès de l'ANSM suspendu à la suite de cette affaire... Le Pr Fourtillan a par la suite été incarcéré puis admis en « soins psychiatriques sur décision du représentant de l'État » (SDRE) dans le cadre de la procédure habituelle strictement contrôlée par la Justice[2]. Devant ces dérapages, Henri Joyeux, dans une interview à France Inter[3] prend ses distances. Il ne reconnaît pas être l'un des cofondateurs du Fonds Josefa et il dit avoir été trompé ou endormi par Jean-Bernard Fourtillan. Selon Laetitia Cherel, l'instruction se poursuit, et Joyeux et Fourtillan, toujours mis en examen, se dirigent bien vers un procès. Par ailleurs, le tribunal administratif de Poitiers a confirmé en juillet 2020 l'interdiction de cet essai illégal prononcé initialement par l'ANSM[4].

---

1. Roy S., « Un essai clinique "sauvage" mené dans une abbaye sur 350 malades a été interdit », *Le Figaro*, 24 février 2020.

2. Pezet J., « Le militant anti-vaccination Jean-Bernard Fourtillan vu dans le documentaire *Hold-Up* interné à Uzès », *Libération*, 12 décembre 2020.

3. Cherel L., « Mis en examen après des essais thérapeutiques sauvages, le professeur Fourtillan persévère », France Inter, 12 février 2021.

4. « Poitiers : le tribunal administratif rejette les requêtes du fonds Josefa dans l'affaire de l'essai clinique "sauvage" », France 3 régions, France TV info, 23 juillet 2020.

Cette affaire aux relents de dérives sectaires expose au grand jour le côté sulfureux de ces personnages. L'absence de fondement scientifique, l'idéologie sous-jacente et les événements qui en découlent permettent de s'interroger sur Henri Joyeux qui continue sa croisade prosélyte antivax[1] malgré ce dossier. Espérons que l'opinion publique prenne conscience de la dimension très noire de cette inquiétante affaire.

Mais parmi tous les personnages de la galaxie antivax on observe que des divergences se font jour. Ainsi, la Ligue nationale pour la liberté des vaccinations ne soutient pas la pétition d'Henri Joyeux exigeant la mise à disposition de vaccins DTP (contre la diphtérie, le tétanos et la poliomyélite) sans adjuvant aluminique, comme l'exprime son vice-président sur le site de l'association[2]. La Ligue historique se démarque donc d'un des personnages les plus en vue de la vaccinophobie.

La Ligue nationale pour la liberté des vaccinations

Elle est l'héritière de la Ligue universelle des antivaccinateurs fondée à Paris en 1880 par le Dr Hubert Boëns[3]. La version contemporaine est fondée en 1954

1. https://professeur-joyeux.com/2020/12/14/vaccins-contre-virus-corona-et-de-la-grippe (consulté le 28 février 2021).
2. https://www.infovaccin.fr/petition_joyeux_2015.html (consulté le 12 février 2021).
3. Bazin H., *L'Histoire des vaccinations*, *op. cit.*

par Marcel Lemaire, père de famille refusant de faire vacciner son fils par le BCG contre la tuberculose[1]. Elle se transforme en 1964, lors de l'arrivée de Fernand Delarue à sa présidence, en Ligue nationale pour la liberté des vaccinations (LNPLV)[2]. Ce changement de terminologie met l'accent sur la liberté de la vaccination plus que sur l'antivaccinisme à proprement parler, il pourrait être justifié par la délégitimation du terme antivax telle qu'elle est explicitée par Jeremy Ward. En effet, selon ce sociologue de l'université d'Aix-Marseille, la science est érigée en valeur. Le terme antivaccin est alors associé à l'antiscience, à sa connotation péjorative, dévalorisante voire déviante. La notion de « liberté de la vaccination » permet de rassembler plus largement des opposants à certains vaccins seulement. De plus, en refusant de remettre en cause la vaccination en général, ces acteurs gagnent en crédibilité auprès du grand public mais surtout auprès des juges, régulièrement sollicités pour des demandes de réparations à la suite d'accidents attribués à des vaccins. On peut en effet penser que ces magistrats ne seraient que peu convaincus par un rejet global de toutes les vaccinations, soucieux d'un argumentaire plus factuel et moins politique[3]. Mais la Ligue reste bien un mouvement opposé à la vaccination en général. Jean-Pierre Eudier, président de la LNPLV

1. Salvadori F., Vignaud L. H., *Antivax. La Résistance aux vaccins du* XVIII*e* *siècle à nos jours*, *op. cit.*

2. Moulin A.-M., *L'Aventure de la vaccination*, *op. cit.*

3. Ward J. K., Guille-Escuret P.-G., Alapetite C., « Les "antivaccins", figure de l'anti-science ». *Médecine & Hygiène*, 2019/2, vol. 43, p. 221-251.

depuis 2017, n'hésite pas, dans une interview accordée à Paul Rudelle[1], à comparer la vaccination à « la Première Guerre mondiale et ses millions de morts... ».

Les thèses soutenues sont d'abord issues de la tradition antipastorienne insistant sur le terrain de chaque individu au détriment de la microbiologie et niant la théorie des germes chère à Louis Pasteur. Les théories sur la « bioélectronique » sont souvent citées. Il s'agit d'évaluer le « terrain » de chaque individu par des mesures comme la résistivité (capacité de résistance électrique) ou le pH des tissus. Louis-Claude Vincent, ingénieur français du début du XXe siècle[2], qui est qualifié de « modèle au professeur Tournesol » par Anne-Marie Moulin, en est le principal promoteur.

Dans les années 1970, Fernand Delarue, président iconique de la Ligue, enfourche, non sans un certain succès, la cause de la suppression de la vaccination antivariolique et de l'indemnisation des présumées victimes de la vaccination. Des publications comme *Point de Vue, Images du Monde*, revue d'actualité des familles royales et du gotha, reprennent ses thèses, puis des publications d'extrême gauche soutiennent la Ligue[3] avant qu'elle ne crée sa propre revue *Santé, Liberté et Vaccinations* ; elle ouvrira bien plus tard un site internet infovaccin.fr au nom délibérément ambigu. Dans les années 1980, le

---

1. Rudelle P., « Les freins à la vaccination : approche sociétale. Sciences du Vivant [q-bio] », thèse en pharmacie, 2019; https://dumas.ccsd.cnrs.fr/dumas-02465144

2. Moulin A.-M., *L'Aventure de la vaccination*, *op. cit.*

3. Salvadori F., Vignaud L. H., *Antivax. La Résistance aux vaccins du XVIIIe siècle à nos jours*, *op. cit.*

rêve d'un vaccin contre le sida limite l'impact des arguments du discours antivaccinaliste. Simone Delarue reprend le flambeau à la présidence de la Ligue après le décès de son mari Fernand en 1979. Selon Anne-Marie Moulin, elle rejoint des sympathisants de la théorie du complot et accuse les campagnes vaccinales dirigées par l'OMS dans le tiers-monde d'être responsables de l'épidémie de sida[1]. Dans cette spirale négative, des scissions apparaissent. Des associations dissidentes se forment comme l'Association Liberté Information Santé (ALIS) qui reprend la revue susmentionnée *Santé, Liberté et Vaccinations* et se rapproche de l'écologiste Antoine Waechter qui sera candidat vert à l'élection présidentielle en 1988.

Les années 2000 voient fleurir des associations toujours plus nombreuses, conduites par des leaders souvent médecins, mais non spécialistes de la vaccination, globalement politiquement antisystème et sous l'égide d'une personnalité généralement charismatique prônant sa vérité. Ces associations s'évertuent à révéler de nombreux scandales autour de la santé qui concernent les médicaments, l'alimentation, le traitement du cancer...

Ces différents groupes peuvent partager certaines opinions mais aussi s'ignorer ou même s'affronter. La LNPLV reste opposée à toute vaccination et juge la position d'Henri Joyeux sur l'obligation vaccinale un peu trop « angélique », selon Lucie Guimier[2]. De même, l'association

1. Moulin A.-M., *L'Aventure de la vaccination*, *op. cit.*

2. Guimier L., Rapport d'activité 2016 et premier semestre 2017, *Études*, rapport cité.

Entraide aux Malades de Myofasciite à Macrophages (E3M), soutien de Romain Gherardi, décide de « se dissocier d'une démarche [d'Henri Joyeux] jugée éthiquement contestable et insuffisamment élaborée sur le plan scientifique[1] ». Cette modération participera à l'ouverture par les pouvoirs publics d'un débat sur les adjuvants aluminiques.

Par ailleurs, on remarque que ces associations proposent toutes des pétitions en grand nombre, toujours sur les mêmes thèmes : nutrition, médicaments, vaccins... Une étude intéressante a fait l'objet d'un travail de thèse à la faculté de pharmacie de Lyon[2] : elle a analysé les relations entre les associations promotrices de ces pétitions et le devenir des adresses électroniques fournies lors de la signature. On le sait, l'adresse mail d'un signataire, par définition intéressé par le sujet de la pétition, a une valeur marchande. En 2016, la plateforme Change.org a été l'objet d'une enquête publiée par *L'Espresso*, hebdomadaire italien, puis reprise en France par d'autres médias de presse écrite[3]. Ce site est la propriété d'une entreprise privée (contrairement à ce que pourrait suggérer son nom de domaine en .org habituellement réservé aux associations) dont le siège est

1. Archimède L., « Vaccination : l'Ordre national porte plainte contre le Pr Joyeux », *Le Quotidien du médecin*.

2. Crozet R., « Élaboration d'une typologie d'acteurs "anti-vaccins" et analyse de leurs liens sur la base des pétitions contre les vaccins », thèse en pharmacie, université Claude-Bernard, Lyon-I, 2019.

3. Leboucq F., « Est-il vrai que change.org, plateforme de pétitions en ligne revend les données personnelles des signataires ? », *Libération*, 9 mars 2018.

basé en Californie. On y propose un outil, support de pétitions, permettant à tout citoyen de « donner aux gens, partout dans le monde, les moyens de créer le changement que vous souhaitez voir[1] ». Une adresse mail fournie, « avec l'accord du signataire », est tarifée entre 0,65 et 1,50 euro.

Les retours de mails de ces adresses fournies lors de la signature des pétitions ont été analysés ainsi que la nature des sociétés émettrices. Quatorze pétitions, concernant toutes l'extension de la vaccination obligatoire de 2018, de dix origines différentes, ont été étudiées. Elles provenaient d'associations, de personnes physiques et aussi d'entreprises. Les liens publicitaires en retour concernaient des produits alimentaires bio, des publications diverses, des programmes de formation concernant la santé et le bien-être. On y trouve également celles provenant de l'Institut pour la protection de la santé naturelle (IPSN) et de Santé Nature Innovation (SNI).

Cette association, l'IPSN, fondée par Augustin de Livois en 2011, est proche de la société suisse SNI administrée par Vincent Laarman, les deux entités appartenant, selon Gil Rivière-Wekstein à la « nébuleuse Laarman »[2]. Il s'agit en fait, selon Thibaut Schepman[3], d'associations et d'entreprises détenues par cette famille

---

1. https://www.change.org/about/business-model (consulté le 17 février 2021).

2. Rivière-Wekstein G., « Pollinis : balade dans la nébuleuse Laarman », Agriculture Environnement, 15 avril 2015.

3. Schepman T., « Vaccins, abeilles, vin bio : les machines à pétition attaquent la planète », *L'Obs* avec Rue89, 21 novembre 2016.

proche de l'idéologie libertarienne[1]. La famille Laarman se lance, au cours des années 1980, dans le marketing à visée politique. D'énormes fichiers d'adresses mails, composés de plusieurs centaines de milliers de noms d'internautes naïfs, serviraient de base pour un marketing internet. Les associations familiales dépenseraient beaucoup pour la communication. Elles s'adressent alors à des entreprises de marketing appartenant à des proches de la famille Laarman. On peut citer Score Marketing, société de marketing direct dédié « aux associations militantes », ou France Adresses, spécialisée dans la gestion d'adresses postales, numéros de téléphone et mails de particuliers seniors et percevant de hauts revenus.

Les publications de SNI Éditions mélangent des articles classiques sur le bio, par exemple, mais aussi d'autres plus douteux. SNI est fortement engagé dans le combat contre la vaccination, comme on peut le constater sur son site internet[2]. Les dossiers sur ce site sont rédigés par un certain Jean-Marc Dupuis, pseudonyme de Vincent Laarman[3], commercial de formation sans compétence scientifique. On peut y lire de nombreuses diatribes antivaccinales rejoignant ainsi Henri Joyeux, déjà cité, membre du « comité scientifique » d'IPSN[4]. Selon Thibaut Schepman, on peut aussi visionner une vidéo d'IPSN à

1. *Ibid.*

2. https://www.santenatureinnovation.com/danger-vaccin-enfants-vaccination-dangereuse (consulté le 17 février 2021).

3. Seznec, E., De Biasi, C., « De bien curieux remèdes », *Que choisir*, janvier 2018, n° 565, p. 49-51.

4. Guimier L., Rapport d'activité 2016 et premier semestre 2017, *Études*, rapport cité.

propos des vaccins : « Ne laissez pas votre médecin vous injecter de la mort-aux-rats »[1], tout en nuances...

SNI distribue également des produits de médecine « alternative » à l'efficacité contestée[2] et commercialisés à l'aide de pratiques « discutables », en particulier le système « one-click », légal aux États-Unis, qui permet à la société, dès lors que les coordonnées bancaires de l'utilisateur sont enregistrées, de considérer que l'internaute est engagé dès qu'il clique une fois sur un produit. D'anciens salariés licenciés de SNI[3] confient leur sentiment de gêne, évoquant même des abus de confiance.

On constate ici qu'il existe un véritable business autour du mouvement antivax. Ces « associations-entreprises » sont organisées en réseau et leurs pratiques « discutables » interrogent, justement. On peut s'étonner que des investigations plus poussées n'aient pas été mises en œuvre. Ceci pourrait éclairer les hésitants sur la motivation des opposants actifs à la vaccination.

Les patients en échec de traitement ou porteurs de pathologies sans étiologie

Sans rapport avec les exemples précédents, nous devons évoquer parmi les antivax des parents d'enfants porteurs de maladies comme l'autisme, des patients porteurs de sclérose en plaques ou de certaines pathologies

1. Schepman T., « Vaccins, abeilles, vin bio : les machines à pétition attaquent la planète », art. cité.
2. Seznec E., De Blasi C., « De bien curieux remèdes », art. cité.
3. *Ibid.*

auto-immunes de type syndrome de fatigue chronique/encéphalomyélite myalgique. Ces différentes maladies ont pour points communs une étiologie mal définie, une absence de traitement curatif et des conséquences individuelles, conjugales et familiales majeures. La plupart des médecins sont souvent démunis devant ces patients et leur entourage. Ne disposant pas toujours de réponse claire aux nombreuses questions posées ni de prise en charge thérapeutique efficace, les professionnels sont souvent mal à l'aise dans des situations difficiles pour lesquelles ils ne sont pas toujours bien formés.

L'arrivée d'un enfant autiste est source de stress, d'anxiété et de dépression pour son environnement familial, avec toutes les conséquences qu'on peut imaginer sur le couple, la vie de famille et la vie professionnelle. Cette situation peut altérer la nature des interactions et la qualité relationnelle avec l'enfant en limitant la capacité de son entourage à le comprendre et à accepter ses troubles du comportement, pouvant aboutir au sentiment d'être pris dans une spirale négative ayant des conséquences indéniables pour l'enfant[1]. Envisager une sortie de cette spirale suppose une appropriation par la famille de toutes les informations qui leur sont apportées sur l'autisme et sur les interventions éducatives possibles. Des stratégies de coping ou d'ajustement peuvent être utilisées ; ces méthodes consistent à faire face aux situations anxiogènes, à réguler les émotions en rapport avec l'élément stresseur. L'objectif est alors d'éviter

1. Goussot T. *et al.*, « Réussir la prise en charge des parents d'enfants autistes pour réussir la prise en charge de leur enfant », *Annales médico-psychologiques*, 2012.

l'isolement, de réduire le stress, de limiter les risques de dépression, en d'autres termes d'entrer en résilience[1]. Les situations de partage social, groupes de parole de parents d'enfants autistes, adhésion ou participation active à des mouvements associatifs, permettent à ces parents, en partageant leurs émotions, de réduire la perception négative du handicap de l'enfant.

L'identification d'un responsable du handicap, par une recherche d'étiologie, même infructueuse, pourrait participer à cette résilience. Les difficultés des parents d'enfants handicapés sont différentes en cas de trisomie 21 ou syndrome de X fragile, la cause du handicap est dans ce cas complètement explicitée par la génétique[2].

Le militantisme antivax peut parfois s'expliquer par ce mécanisme de résilience. C'est le cas de Claire Dwoskin, aux États-Unis.

Albert et Claire Dwoskin sont les parents d'un enfant autiste. Albert, promoteur immobilier à succès, crée avec sa femme un fonds de soutien au parti démocrate, la Dwoskin Family Foundation. Ce fonds finance également des chercheurs résolument antivaccins, et les réunit dans un congrès fastueux en Jamaïque en 2011. Cette réunion est racontée avec émotion par Romain Gherardi dans son livre[3] (*cf.* chapitre 4). Mais, en 2018,

---

1. Terrisse B., Kalubi J.-C., Larivée S. J., « Résilience et handicap chez l'enfant », *Reliance*, 2007/2, n° 24, p. 12-21.

2. Goussé V., « Handicap grave et résilience : l'exemple de l'autisme », *Bulletin de psychologie*, 2010.

3. Gherardi, R. K., *Toxic Story. Deux ou trois vérités embarrassantes sur les adjuvants des vaccins*, Actes Sud, coll. « Questions de santé », 2016.

le couple divorce, Albert Dwoskin prend ses distances avec le mouvement antivax, convaincu par l'argumentaire scientifique sur la vaccination. Claire, en revanche, toujours militante, va alors créer le Children's Medical Safety Research Institute (CMSRI)[1]. Reprenant les objectifs de lutte contre la vaccination, elle va enrôler Gherardi dans son équipe[2].

De nombreux parents d'enfants supposés victimes de la vaccination, y compris en France, s'inscrivent dans une démarche militante antivax. Comme nous venons de l'évoquer, ceci peut être analysé comme une forme de résilience. Ce concept de capacité humaine à surmonter le pire a largement été expliqué par Boris Cyrulnik[3]. Dans le cas du handicap, tous les membres de la famille sont coauteurs de cette résilience, y participent. La question qui se pose est de savoir si le système de soins et de soutien psychosocial joue son rôle et aide ces parents. Boris Cyrulnik évoque le « tutorat de résilience » qui, proposé par un proche, un soignant ou tout individu, apporte le soutien affectif nécessaire à l'enfant pour affronter le traumatisme[4].

---

1. https://www.thedailybeast.com/dem-megadonor-pulls-funding-from-anti-vax-group-blames-wife-for-initial-involvement
2. https://www.cmsri.org/about/scientific-advisory-board (consulté le 11 février 2021).
3. Cyrulnik B., *Sauve-toi, la vie t'appelle*, Odile Jacob, 2012.
4. Huchon V., « Boris Cyrulnik : résilient comme un parent d'enfant handicapé » ; https://hizy.org/fr/bien-etre-psycho/epanouissement-personnel-depression-burn-out-irritabilite/boris-cyrulnik-resilient

Les hésitants

Les personnalités que nous venons de décrire sont pour la plupart des militants actifs hermétiques à tout argumentaire scientifique. Il n'en est pas de même pour les « hésitants ». Ils constituent une part significative de la population française souvent estimée aux alentours de 40 %, même si ce chiffre est difficile à affirmer[1]. L'hésitation vaccinale a été définie en 2015 par le SAGE (le Groupe stratégique consultatif d'experts) et l'OMS : « Par hésitation à l'égard des vaccins, on entend le retard dans l'acceptation ou le refus des vaccins malgré la disponibilité de services de vaccination. C'est un phénomène complexe, spécifique au contexte et variant selon le moment, le lieu et les vaccins. Il inclut certains facteurs comme la sous-estimation du danger, la commodité [d'accès aux vaccins] et la confiance[2]. » Cette définition associe donc les difficultés pratiques et les réticences psychologiques aboutissant à un refus d'engagement dans le processus de vaccination. Cela s'inscrit dans la tendance sociétale où chacun contrôle son corps et où les autorités sanitaires n'ont plus la confiance absolue du public. Plus généralement, il s'agit aussi de la remise en question de la vérité scientifique, sujet sur lequel nous reviendrons. Dans une étude publiée en 2016, l'équipe de Heidi Larson de la London School of Hygiene &

1. Bocquier A. *et al.*, « Social differentiation of vaccine hesitancy among french parents and the mediating role oftrust and commitment to health : a nationwide cross sectional study », *Vaccine* n° 36, 2018.

2. https://www.who.int/immunization/programmes_systems/summary_of_sage_vaccinehesitancy_2pager_French.pdf?ua=1

Tropical Medicine compare l'hésitation vaccinale dans 67 pays en interrogeant plus de 65 000 personnes[1]. Au sein de ce travail, quatre affirmations sont évaluées :

– il est important de vacciner les enfants ;

– dans l'ensemble, je pense que les vaccins sont sûrs ;

– dans l'ensemble, je pense que les vaccins sont efficaces ;

– les vaccins sont compatibles avec mes croyances religieuses.

Au regard de ces quatre indicateurs, l'Europe est en moyenne la région du monde la plus hésitante. L'incompatibilité religieuse y est en revanche la plus faible. À l'échelon des différents pays, il est mis en évidence que l'Arabie Saoudite, la Finlande et le Brésil ont le moins de difficultés d'ordre religieux ; à l'inverse de la Mongolie, la Thaïlande et le Vietnam où il y en a le plus. L'étude de l'impact de la religion sur la confiance vaccinale s'est révélée complexe, et les auteurs ne se prononcent pas formellement sur ce point, mais il semble que la dominante religieuse d'un pays n'ait donc pas vraiment d'influence sur la confiance vaccinale. Les réticences religieuses, si elles existent, restent très limitées, et elles ne sont l'apanage que de groupuscules[2], comme nous l'avons précédemment évoqué.

Dans cette même étude de Larson, les femmes sont plus attachées à la vaccination des enfants, mais, entre

1. Larson H. J., de Figueiredo A., Xiahong Z., Schulz W. S., Verger P., Johnston I. G., *et al.*, « The State of Vaccine Confidence 2016 : global insights through a 67-country survey », art. cité.

2. Grabenstein J. D., « What the World's religions teach, applied to vaccines and immune globulins », art. cité.

hommes et femmes[1], il n'y a pas de différence sur les autres questions. La tranche 24-35 ans est la plus hésitante alors que les plus de 65 ans sont les plus confiants, mais ce sont aussi ceux qui expriment le plus d'incompatibilités religieuses. La population à haut niveau d'éducation ainsi que les chômeurs ont une crainte plus forte en ce qui concerne la sécurité des vaccins.

L'analyse de ces chiffres souligne que l'hésitation vaccinale, en France en particulier, repose essentiellement sur des doutes quant à la sécurité des vaccins. On peut supposer que la polémique française sur le vaccin contre l'hépatite B, suivie de celle concernant la myofasciite à macrophages (MFM), a pesé sur ce débat dans l'Hexagone. Les populations les mieux instruites considèrent la vaccination comme importante mais ce sont celles qui s'inquiètent le plus du risque d'effets indésirables.

En 2010, une entité dénommée Vaccine Confidence Project (VCP) a été créée au sein de la London School of Hygiene dans le but d'étudier la confiance vaccinale et d'informer les décideurs en santé publique de la planète. Cette équipe a publié en 2020 une nouvelle étude sur la confiance vaccinale[2] menée dans 149 pays après avoir étudié les réponses de plus de 280 000 personnes. La méthodologie de cette étude reprenait le schéma de

1. Larson H. J., de Figueiredo A., Xiahong Z., Schulz W. S., Verger P., Johnston I. G., *et al.*, « The State of Vaccine Confidence 2016 : global insights through a 67-country survey », art. cité.

2. De Figueiredo A., Simas C., Karafilakis E., Paterson P., Larson H. J., « Mapping global trends in vaccine confidence and investigating barriers to vaccine uptake : a large-scale retrospective temporal modelling study », *The Lancet*, 2020.

travail de Larson de 2016[1] en s'appuyant sur le même questionnaire appelé Vaccine Confidence Index (VCI). Cette étude longitudinale réalisée entre septembre 2015 et décembre 2019, utilisant le VCI à différentes reprises associé à d'autres instruments statistiques, permet d'évaluer et de suivre l'évolution de la confiance vaccinale dans ces différents pays. Les auteurs s'interdisent toutefois de faire des corrélations entre leurs conclusions et les taux de couverture vaccinale, la méthodologie ne le permettant pas. On constate qu'en France et en Europe la confiance vaccinale s'est un peu améliorée entre 2015 et 2019. À l'inverse, aux Philippines et en Indonésie, probablement en rapport avec l'échec de la vaccination contre la dengue, la confiance dans les vaccins s'est effondrée. Cette crise a également impacté les autres vaccinations avec cependant une reprise dans les dernières années de l'étude.

Le Japon apparaît comme le pays le plus hésitant, probablement à la suite d'une polémique sur la vaccination HPV ayant abouti au retrait des recommandations vaccinales. On note qu'une épidémie de rubéole a été observée depuis lors et n'a pas encore été résolue.

Ces études internationales ont été confirmées en France par une enquête réalisée à partir des données « Baromètre de santé 2016 »[2]. On y lit que l'hésitation

1. Larson H. J., de Figueiredo A., Xiahong Z., Schulz W. S., Verger P., Johnston I. G., *et al.*, « The State of Vaccine Confidence 2016 : global insights through a 67-country survey », art. cité.

2. Bocquier A. *et al.*, « L'hésitation vaccinale en France. Prévalence et variation selon le statut socio-économique des parents », *Médecine/Science*, n° 5, vol. 36, mai 2020.

vaccinale est plus élevée chez les parents les plus diplômés. Ainsi, 40 % des parents ayant un niveau scolaire inférieur au baccalauréat sont hésitants. Les titulaires du bac sont, eux, 48 % à avoir des doutes, et ils sont 51 % parmi ceux parvenus à bac + 4. En revanche, l'engagement dans les décisions de santé concernant leurs enfants est plus fort. Après l'extension de l'obligation vaccinale à onze vaccins à partir du 1er janvier 2018 les chiffres s'améliorent un peu[1]. Cette extension de l'obligation vaccinale (*cf.* chapitre 2) n'a fait que convertir des recommandations en obligation, sans changer profondément le calendrier vaccinal. Selon Jocelyn Raude, enseignant en sciences humaines à l'EHESP, l'opposition à l'extension de la vaccination est restée faible[2]. La fermeté de la parole de la ministre de la Santé de l'époque, Agnès Buzyn, a écarté un vaccinoscepticisme politique ambiant. Le message a pu être reçu positivement par les professionnels de santé notamment, qui se sont sentis soutenus dans leur mission de vaccinateurs. Depuis 2018, la confiance vaccinale mesurée par le VCI a même augmenté en France, selon les travaux de la London Scool of Hygiene, entre 2015 et 2019[3], mais il n'est pas possible d'établir une corrélation pour l'instant,

1. Ward, J. K., Peretti-Watel, P., Bocquier, A. *et al.*, « Vaccine hesitancy and coercion : all eyes on France », *Nature Immunology* 20, 1257-1259 (2019).

2. Raude J., « La pipolisation de la lutte antivaccinale est une nouveauté », *Libération*, 1er janvier 2018.

3. De Figueiredo A., Simas C., Karafilakis E., Paterson P., Larson H. J., « Mapping global trends in vaccine confidence and investigating barriers to vaccine uptake: a large-scale retrospective temporal modelling study », art. cité.

de trop nombreux facteurs confondants ne pouvant être éliminés.

Les médecins restent, dans toutes ces études, la source d'information la plus crédible pour les parents, les mères surtout. Ces travaux du VCT prennent avec l'épidémie de Covid-19 une dimension nouvelle, et les résultats à venir seront donc attendus avec d'autant plus d'intérêt.

La confiance des professionnels de santé a fait l'objet d'études et d'analyses. Les médecins généralistes, principaux prescripteurs, administrent environ 90 % des vaccins en France[1]. En moyenne, un acte sur vingt de médecine générale comprend une vaccination. De plus, leur rôle dans l'information et le conseil est majeur, la population leur accorde une confiance importante, bien supérieure à toutes les autres sources disponibles. Les informations des agences sanitaires, de l'industrie pharmaceutique ou des réseaux sociaux sont considérées comme moins crédibles[2]. Pour le Collectif interassociatif sur la santé (CISS), ce phénomène expliquerait le maintien des couvertures vaccinales en France, malgré une adhésion à la vaccination en baisse dans les enquêtes d'opinion[3].

---

1. https://documentation.ehesp.fr/memoires/2013/mip/groupe_8.pdf
2. Bocquier A. *et al.*, « L'hésitation vaccinale en France. Prévalence et variation selon le statut socio-économique des parents », art. cité.
3. Martinez L. *et al.*, « L'engagement des médecins généralistes français dans la vaccination : l'étude DIVA (Déterminants des intentions de vaccination) », Santé publique, 2016, 28 (1) 19-32.

Le profil sociologique des professionnels de santé hésitants a été étudié très récemment[1]. En 2021, l'acceptation de la vaccination antigrippale est de 80,5% chez les médecins, 47,1% chez les infirmiers, 28% chez les aides-soignants et 65,2% chez les sages-femmes; les femmes et les plus jeunes sont un peu plus hésitants. Ces résultats sont comparables avec les intentions de vaccination Covid-19 à l'exception des plus jeunes (tranche 18-24 ans) qui sont plus motivés à se vacciner contre ce virus.

Les médecins ayant une pratique complémentaire de type acupuncture, ostéopathie et surtout homéopathie sont les plus réticents[2].

Dans une étude qualitative sur un échantillon de médecins à travers toute la France[3], il a été montré que les campagnes officielles et les politiques publiques d'incitation à la vaccination sont considérées habituellement par les généralistes comme des informations fiables, utiles et aidantes, même si certains d'entre eux expriment une opinion plus mitigée sur leur crédibilité. L'aspect descendant des injonctions, dépourvues de soutien pédagogique, peut être mal ressenti. Les mises à jour du calendrier

1. Mueller J. E. *et al.*, «Étude transversale des intentions de vaccination contre la grippe saisonnière et la Covid-19 des professionnels de santé : quels leviers pour la promotion vaccinale ?», Santé publique, janvier 2021.

2. Collange F. *et al.*, «Knowledge, attitudes, beliefs and behaviors of general practitioners/family physicians toward their own vaccination: A systematic review», *Human Vaccines & Immunotherapeutics*, 2016, vol. 12, n° 5, 1282–1292.

3. Martinez L. *et al.*, «L'engagement des médecins généralistes français dans la vaccination : l'étude DIVA (Déterminants des intentions de vaccination)», art. cité.

vaccinal, quant à elles, surtout lorsqu'elles sont fréquentes et mal expliquées, paraissent parfois infondées. Une rupture du contrat implicite entre médecins et autorités sanitaires est même évoquée[1]. Les pouvoirs publics confient aux professionnels de santé la promotion et la mise en œuvre de la vaccination, et en retour ces professionnels attendent un soutien juridique, organisationnel, une réduction de la complexité de la décision par l'intermédiaire de recommandations cohérentes simples et opérationnelles. L'évocation de liens d'intérêts entre industrie pharmaceutique et experts, les désaccords entre spécialistes, souvent observés depuis l'épidémie de Covid-19, sont de nature à rompre ce contrat de confiance pour les médecins les plus sceptiques.

La perception de la maladie ciblée par le vaccin est déterminante pour les médecins[2]. Pour la grippe, par exemple, le fait que le praticien ait été touché par l'infection l'influence favorablement à vacciner sa patientèle. De même, la bonne connaissance des maladies induites par HPV et en particulier celles de la sphère gynécologique induit une plus forte prescription de ce vaccin. Cette observation conforte l'idée que les vaccins sont victimes de leur succès. Un certain nombre de maladies,

1. Wilson R. J. I. *et al.*, « Vaccine hesitancy among general practitioners in Southern France and their reluctant trust in the health authorities », *International Journal of Qualitative Studies on Health and Well-Being*, 2020.

2. Martinez L. *et al.*, « L'engagement des médecins généralistes français dans la vaccination : l'étude DIVA (Déterminants des intentions de vaccination) », art. cité.

pratiquement disparues grâce à la vaccination, ne font plus peur. Certains médecins, notamment les plus jeunes, n'ont d'expérience ni dans le diagnostic, ni dans le traitement de certaines maladies comme la polio, le tétanos, la rougeole dont ils ne mesurent plus le risque.

Les moyens d'information utilisés par les généralistes sont assez conventionnels. Leur confiance se porte surtout sur les publications scientifiques référencées. Ils avouent toutefois ne pas avoir le temps de les lire et à défaut se référer aux recommandations des autorités sanitaires. Mais l'apport de leur expérience personnelle, tant en ce qui concerne l'efficacité que la sécurité, est fondamental. Chez les plus sceptiques, l'expérience d'un incident attribué à la vaccination survenu chez un patient est souvent rapportée. Le manque de soutien des autorités de tutelle dans une telle situation est un reproche souvent formulé[1].

D'autres thèmes sont aussi évoqués par les médecins hésitants : le contexte lié à la sexualité peut être un obstacle dans le cas du vaccin hépatite B et HPV. Il est troublant de lire dans certaines réponses des médecins sceptiques : « Je ne connais pas assez bien la vie sexuelle de mes patients pour évaluer l'indication du vaccin HPV[2]. » C'est bien méconnaître les modalités d'utilisation

1. Wilson R. J. I. *et al.*, « Vaccine hesitancy among general practitioners in Southern France and their reluctant trust in the health authorities », art. cité.

2. Martinez L. *et al.*, « L'engagement des médecins généralistes français dans la vaccination : l'étude DIVA (Déterminants des intentions de vaccination) », art. cité.

de ce vaccin sur lesquelles nous reviendrons plus loin (*cf.* chapitre 6).

Le respect du choix du patient détermine également la position du médecin traitant, mais sur ce point l'interprétation des chiffres est délicate car le médecin lui-même est l'acteur le plus influent sur ce choix.

Soulignons que les professionnels de soins formellement opposés à la vaccination sont exceptionnels. Les facteurs déterminants de l'hésitation vaccinale tant chez les professionnels que dans le grand public sont multiples. Leur analyse doit permettre de proposer des interventions visant à renforcer la confiance dans les vaccins.

4

Leurs arguments

Les opposants à la vaccination que nous venons de décrire alimentent le débat avec de nombreux arguments qu'il est parfois difficile de comprendre dans leurs fondements et d'analyser sans un travail approfondi. Il convient ici, sans prétendre à l'exhaustivité, d'examiner les principaux éléments de ce propos. L'objectif est d'appréhender les moyens utilisés dans un discours parfois complexe à l'allure pseudoscientifique et dans les publications mensongères, très utilisées, qui se multiplient grâce au développement des revues prédatrices.

Le recours aux publications mensongères

Autisme et vaccin ROR, la publication d'Andrew Wakefield

La plus célèbre des publications mensongères est, sans conteste, l'étude de Wakefield au Royaume-Uni publiée dans *The Lancet* en 1998[1]. Andrew Wakefield est né en 1957, fils d'un neurologue et d'une mère médecin généraliste, il fait des études de médecine à Londres puis à Toronto. Il devient chirurgien digestif en 1985 et s'oriente vers la transplantation d'organes. En 1995, il rencontre Mme Kessick, mère d'un enfant autiste, qui l'interroge sur la maladie intestinale de son fils. Alors que ce n'est pas sa spécialité, Wakefield entame des recherches sur l'autisme qu'il va bientôt rapprocher de la vaccination rougeole oreillons rubéole (ROR). Convaincu du rapport de cause à effet, il travaille également sur le lien entre l'autisme et cette maladie intestinale qu'il nomme « entérocolite autistique ». Il tente ensuite de mettre au point un kit diagnostique destiné à dépister cette maladie qui n'est pas encore caractérisée. La commercialisation à grande échelle de ce test est envisagée d'emblée avec un chiffre d'affaires prévisionnel de 43 millions de dollars[2]. Il publie en 1998 une étude sur douze enfants présentant un syndrome d'entérocolite et d'autisme régressif qu'il associe à la vaccination ROR. La suite de l'histoire montrera que plusieurs enfants n'avaient pas eu de diagnostic d'autisme et que cinq avaient déjà présenté des troubles de développement du spectre autistique avant d'être

1. Suelzer E. M. *et al.*, « Assessment of Citations of the Retracted Article by Wakefield et al With Fraudulent Claims of an Association Between Vaccination and Autism », JAMA Network Open, 15 novembre 2019.

2. Maisonneuve H., Floret D., « Affaire Wakefield : douze ans d'errance car aucun lien entre autisme et vaccination ROR n'a été montré », *La Presse médicale*, 2012, 41 (9) 827-834.

vaccinés. En plus de quelques autres irrégularités dans la présentation des dossiers, ces enfants étaient identifiés après sollicitation au travers d'une campagne antivaccination ROR. Les parents sélectionnés étaient donc déjà convaincus du lien entre autisme et vaccin avant l'inclusion de l'enfant dans cette étude, ce qui constitue un biais de recrutement majeur.

Cette cohorte fort modeste (douze cas) d'un travail basé sur une méthodologie observationnelle ne permet de toute façon que d'émettre des hypothèses. Andrew Wakefield n'hésite cependant pas à convoquer, dès la parution de son article dans *The Lancet*, une conférence de presse alors très largement reprise dans les médias grand public. Il demande d'emblée le retrait du vaccin incriminé. La polémique prend une ampleur sans précédent : Tony Blair, Premier ministre du Royaume-Uni à l'époque, est sommé de s'expliquer et de dévoiler des informations sur la vaccination de ses propres enfants, ce qu'il refusera. *A posteriori*, on regrette l'analyse scientifique un peu superficielle des grands médias et l'absence d'investigation complémentaire[1].

Un journaliste anglais, Brian Deer, s'empare cependant du dossier. Travaillant au *Sunday Times*, tabloïd à fort tirage, il va pendant plusieurs années s'attacher à reprendre tous les dossiers, interroger les parents des enfants inclus dans l'étude de Wakefield, étudier les liens d'intérêt des auteurs. Son travail fera l'objet de

1. Salvadori F., Vignaud L. H., *Antivax. La Résistance aux vaccins du XVIIIe siècle à nos jours*, *op. cit.*

plusieurs publications dans le *British Medical Journal*, concurrent de *The Lancet*[1,2]. Ses conclusions sont édifiantes : l'étude est clairement frauduleuse.

The Lancet, dans un premier temps, ne reconnaît pas les manquements de la rédaction et du comité de lecture. En 2010, un procès au General Medical Council, équivalent du Conseil de l'ordre des médecins au Royaume-Uni, aboutira à la radiation de Wakefield et de certains de ses coauteurs ainsi qu'à la rétractation de l'article du *Lancet*. Le texte reste toutefois accessible en ligne sur le site de la revue, barré en diagonale par le mot RETRACTED. Cette procédure interroge sur le référencement de la publication que nous allons étudier.

Par ailleurs, Brian Deer montre que Wakefield a déposé un brevet pour un vaccin monovalent, concurrent malheureux du vaccin ROR recommandé en Angleterre. De plus, un avocat, représentant d'associations antivax, lui aurait versé à l'époque plus de 700 000 dollars[1].

Résidant désormais aux États-Unis, Wakefield continue de vivre de ses conférences, rémunéré également par la Fondation Strategic Autism Initiative qu'il a lui-même fondée. En 2017, selon *The Times* et Channel 4, il aurait touché l'équivalent de 300 000 euros sur cinq ans, ce qui représente 41 % des dons récoltés par cet orga-

1. Deer B., « How the case against the MMR vaccine was fixed », *British Medical Journal*, 6 janvier 2011.

2. *Ibid.*

1. Salvadori F., Vignaud L. H., *Antivax. La Résistance aux vaccins du* XVIII*e siècle à nos jours*, *op. cit.*

nisme[1]. Il reste une icône de la galaxie antivax et a réalisé le film *Vaxxed* retiré depuis de la plupart des plateformes internet.

Il faut souligner les conséquences dramatiques de cette publication : une forte baisse de la couverture vaccinale du ROR au Royaume-Uni a été observée ainsi qu'une résurgence de la mortalité liée à la rougeole[2]. Dans ce domaine des pathologies d'étiologie mal connue comme l'autisme, l'incertitude est insupportable. Soulignons que le monde scientifique doit faire preuve d'une humilité responsable en respectant une rigueur irréprochable dans la recherche, même si celle-ci n'apporte pas toutes les réponses souhaitées.

Par la suite, de très nombreuses études épidémiologiques ont étudié les rapports entre autisme et vaccination. Dès 2002, l'OMS publie un rapport excluant tout lien entre les deux, et depuis tous les nombreux travaux réalisés ont confirmé ces données[3]. L'autisme, maladie complexe de cause très mal connue, est l'objet de spéculations. Il a été associé à de très nombreuses causes, parfois farfelues, mais toujours inquiétantes et perturbantes, pour les parents souvent désespérés et à l'affût de toute nouvelle découverte.

---

1. Leloup D., « Vente de traitements “alternatifs”, de livres, de DVD… Le business de l'antivaccination », *Le Monde*, 29 mars 2019.
2. Deer B., « How the case against the MMR vaccine was fixed », art. cité.
3. Gaubert C., « Encore une fois, le vaccin ROR n'est pas lié à l'autisme, confirme une étude danoise », *Sciences et Avenir*, 6 mars 2019.

À la suite de la publication de Wakefield, le phénomène des publications mensongères s'est emballé.

C'est ainsi que le vaccin HPV a été la cible d'une revue prédatrice en mars 2018. Une publication signée par un certain Lars Andersson dans une revue indienne de bioéthique (*Indian Journal of Medical Ethics*) affirme que le vaccin HPV induit des cancers du col. L'auteur, un certain Lars Anderson, revendique une affiliation au Karolinska Institutet, le plus grand centre de recherche médicale de Suède. Cet institut universitaire est à l'origine de nombreuses études sur le vaccin HPV[1]. L'information fait l'effet d'une bombe dans le monde de la vaccinologie, mais très vite la supercherie est établie. Il n'y a pas de Lars Andersson au Karolinska Institutet où personne n'a connaissance de cette publication. Il s'agit en fait d'un nom d'emprunt car on ne retrouve pas cet auteur. Un mois plus tard, l'article sera « rétracté » mais toujours en ligne sur le site du journal. Ce même auteur va également publier un article et deux lettres dans le *Journal of Internal Medicine*, qui seront également rétractés[2].

1. « RETRACTION : Increased incidence of cervical cancer in Sweden : possible link with HPV vaccination », *Indian Journal of Medical Ethics*, juillet-septembre 2018, 3 (3) : 246.
2. Hawkes N., « Journals retract four articles criticising vaccines by author who used a pseudonym », *British Medical Journal*, 30 mai 2018.

La vérification des publications : les revues prédatrices

Se pose donc la question de la vérification des publications scientifiques par les revues spécialisées, de leur indexation, de leurs citations dans d'autres publications. Usuellement, les revues de qualité soumettent les textes avant publication à des relectures par des pairs (*peer review*), choisis pour leurs compétences sur le sujet. Les textes sont anonymisés pour éviter aux experts la tentation de favoriser les équipes amies au détriment des autres. Si cette relecture n'est pas faite (par exemple, pour accélérer la publication d'une étude jugée importante), on parle de «preprint», texte qui n'aura pas la même valeur scientifique qu'un article corrigé et validé après avoir été soumis à la critique de spécialistes reconnus. Ce système de relecture n'est pas infaillible. Outre l'article d'Andrew Wakefield, d'autres textes célèbres ont été acceptés puis retirés. On évoquera l'article sur la «mémoire de l'eau» de Jacques Benveniste publié dans *Nature*. Cette «mémoire» aurait permis de donner l'explication chimique de l'efficacité de l'homéopathie[1]. Plus récemment, en mai 2020, une étude observationnelle publiée dans *The Lancet* montre l'absence d'intérêt de l'hydroxychloroquine dans le traitement du Covid-19. L'enquête concerne 96000 patients dans 671 hôpitaux du monde entier. La société Surgisphère est à l'origine de ce travail. Celle-ci a refusé de donner accès aux données de base de l'étude. Ces données permettent

1. Ramus F., «Comprendre le système de publication scientifique», Afis Science, 2014.

une vérification détaillée de la construction du travail. Après publication, de nombreuses incohérences ont été relevées, et plusieurs auteurs ont retiré leurs signatures avant que *The Lancet* ne supprime purement et simplement cet article pour sa méthodologie inappropriée[1].

Le nombre d'articles rétractés sur PubMed, principale base de données de références médicales, est en augmentation. La comptabilité en est tenue par la Retraction Watch Database[2]. Selon ce site, 1 355 publications ont été retirées en 2017. Une étude a montré en 2016 que les principales raisons étaient l'erreur (26 %), la fraude (26 %) et le plagiat (20,3 %)[3]. En 2008, la fraude ne représentait que 14 % des causes de rétractation.

Ces rétractations posent le problème difficile de la vérification des données et du contrôle avant publication des études scientifiques. Le passage devant un comité de lecture n'est pas une garantie absolue, mais c'est une condition essentielle. Le *peer review*, la relecture par les pairs donc, est devenu, en tant que tel, l'objet de recherches[4], car il peut y avoir des cas de favoritisme amical ou de rejet de travaux proposés par des équipes concurrentes. La relecture en double aveugle (le relecteur ne connaît pas l'auteur, l'auteur ne connaît pas

1. Gutierrez C. N., « Covid-19 et chloroquine : *The Lancet* annonce la rétractation de l'étude », *Sciences et Avenir*, 3 juin 2020.

2. https://retractionwatch.com/retraction-watch-database-user-guide

3. Deculllier H., Maisonneuve H., « Correcting the literature : Improvement trends seen in contents of retraction notices », BMC Research Notes (2018) 11 : 490.

4. Maisonneuve H., « Les congrès sur le *peer review* », *Science et Conscience*, 14 août 2018.

le relecteur) ne résout que partiellement ce problème, car la concurrence entre équipes de chercheurs sur le même sujet peut faire craindre le risque de vol d'idées. Ainsi, en demandant trop de précisions ou corrections diverses, les relecteurs peuvent être à l'origine de manœuvres dilatoires pour ralentir un concurrent en avance.

Depuis quelques années sont apparues des « revues prédatrices » dans le monde scientifique. Ces publications prétendent, souvent à tort, être référencées dans les bases de données de la littérature scientifique alors qu'elles n'ont satisfait à aucun contrôle éditorial. Elles peuvent même s'attribuer un *impact factor* – indicateur qui mesure la visibilité d'une revue scientifique à partir du nombre de citations des articles qu'elle publie. La démarche de ces revues est commerciale. Elles facturent les publications aux auteurs qu'elles sollicitent, contrairement à la pratique habituelle où ce sont les auteurs qui soumettent leurs travaux aux éditeurs. On recense actuellement plus de 1 000 revues de ce type[1].

Ces pratiques dénuées de toute rigueur scientifique ont été illustrées par un canular devenu célèbre. Un article[2] vantant l'efficacité de la chloroquine dans le traitement du Covid-19 a été publié dans une revue asiatique, l'*Asian Journal of Medicine and Health.* Les auteurs, dont Martine Wonner, psychiatre et député, ont testé le traitement sur eux-mêmes et leurs proches. Le

1. Ruggeri V., « Chloroquine et trottinette : le problème des revues prédatrices », *Sciences et Pseudo-Sciences* – Association française pour l'information scientifique, octobre-décembre 2020.

2. https://stopcovid19.today/2020/04/30/rapport-etude-retrospective-3-approches-therapeutiques-differentes

travail ne répond pas aux standards de la recherche médicale. Une équipe de chercheurs pleins d'humour décide alors de lancer un canular en soumettant à cette même revue un travail intitulé : « Le Sars-CoV-2 est contre toute attente plus mortel que les trottinettes », reprenant ainsi une citation du Pr Didier Raoult. L'objectif est de montrer qu'aucune vérification sérieuse des textes n'est faite. L'article fourmille de gags aussi drôles que scientifiquement ridicules. Il est alors proposé à la rédaction de l'*Asian Journal of Medicine and Health.* Après paiement en bonne et due forme des droits requis, le texte est soumis au comité de lecture qui, contre toute attente là aussi et après quelques corrections de pure forme, accepte la publication trois semaines à peine après sa présentation, ce qui est très rapide. L'article sera très vite rétracté, mais l'anecdote illustre avec humour le fonctionnement de ces revues prédatrices[1].

On comprend donc l'importance du travail de vérification qui incombe aux revues scientifiques. La plupart des articles ne franchissent jamais le seuil de la relecture des grandes revues médicales, et si certains pourraient y voir un complot, ne faut-il pas plutôt se poser la question de la médiocrité des textes refusés ?

L'objectif est d'avoir la capacité à être référencé dans les banques bibliographiques habituelles. Cela donne la possibilité d'être cité dans d'autres publications et, par

1. Ruggeri V., « Chloroquine et trottinette : le problème des revues prédatrices », art. cité.

conséquent, de mesurer l'influence des recherches présentées.

Les citations des articles rétractés

L'article de Wakefield est encore largement cité dans la littérature scientifique. Une étude a été faite sur les citations de ce travail dans 1 153 publications entre 1998 et 2019. Dans 72,7 % des cas, le retrait est précisé en soulignant le caractère frauduleux de l'étude. Toutefois, dans 9,2 % des cas, la citation se fait sans commentaire, pire, plus de 8 % des publications citant Wakefield reprennent à leur compte ses affirmations[1]. Des améliorations sont donc nécessaires pour qu'éditeurs, bases de données bibliographiques et logiciels de gestion des citations garantissent la validité des références citées dans les publications.

Au-delà du contrôle des revues scientifiques se pose aussi la question des médias grand public. Leur rôle n'est-il pas de participer à cette vérification, de mesurer la valeur des travaux sur les vaccins et de souligner ces différences ? Un article du *New England Journal*, un texte d'une revue prédatrice ou un message sur les réseaux sociaux ne sont pas équivalents !

La publication de documents mensongers touche aussi les images chocs. En 2017, l'association italienne Corvelva (Coordination régionale de la Vénétie pour la

1. Suelzer E. M. *et al.*, « Assessment of Citations of the Retracted Article by Wakefield et al With Fraudulent Claims of an Association Between Vaccination and Autism », art. cité.

liberté de vaccination) publie l'image d'un enfant dont le visage est flouté, avec le hashtag : « #ICANTFORGET » suivi du slogan « Je suis décédé après un vaccin hexavalent. Les rapports ont occulté ma mort ». Renseignements pris, cette photo est celle du fils d'un photographe australien, Brayden Howie, qui confirme que l'enfant est bien portant et vacciné. De plus, la licence des photos de l'agence de ce photographe n'autorise pas l'utilisation des documents dans ce contexte. Il s'agit donc d'une utilisation frauduleuse d'un cliché qui a été reproduit sur les réseaux sociaux dans le monde entier. L'association Info Vaccins France l'a utilisée et, interrogée à ce sujet par le journal *Le Monde*, n'a pas voulu « perdre du temps en discussions stériles[1] ». Ces publications mensongères ne se limitent donc pas au contexte scientifique mais entrent dans la communication au sens large et s'affichent sur les réseaux sociaux peu regardants sur la provenance et la qualité des sources documentaires. On entre alors dans le domaine des *fake news* que nous aborderons plus tard.

Dans le domaine scientifique, d'autres manières frauduleuses de traiter les articles épidémiologiques sont utilisées par les promoteurs de l'antivaccinisme. C'est le cas du *cherry picking*, technique qui s'appuie sur de véritables publications.

---

1. Faivre A.-S., « Quand une campagne antivaccin fait passer un enfant vivant (et vacciné) pour un enfant mort », *Le Monde*, 23 novembre 2017.

Le cherry picking, ou détournement des données publiées

Au-delà des publications frauduleuses, certaines études sont utilisées délibérément à mauvais escient. Certains auteurs sélectionnent des données statistiques partielles qui soutiennent une position particulière. Ils en oublient alors le sens global. Les études sur la vaccination en population utilisent de très nombreux tests statistiques pour valider ou non leurs hypothèses. Ces tests statistiques sont liés à des lois de probabilité et comportent un risque d'erreur déterminé à l'avance, habituellement 5 %. Par construction, cinq fois sur cent ce résultat sera faux, et il est donc très important d'examiner l'ensemble de tous les tests qui, eux, sont vrais... à 95 % ...

Par exemple, en 2018, un ancien député français, Gérard Bapt[1], évoque les données australiennes sur l'épidémiologie des cancers du col de l'utérus depuis le lancement de la vaccination HPV. Une augmentation de l'incidence de ces cancers de 114 % est rapportée. Les chiffres cités sont exacts[2], mais leur analyse est fausse. Il s'agit d'une statistique sur 6 cas seulement dans la tranche d'âge 20-24 ans, période où ce cancer est très rare. Statistiquement parlant, ce chiffre n'est pas interprétable.

1. « Vaccin contre le papillomavirus et cas de cancer : le cri d'alarme de l'ex-député toulousain Gérard Bapt », *La Dépêche*, 30 novembre 2018.

2. *Australian Cancer Incidence and Mortality Book for Cervical Cancer*, Australian Institute Health and Welfare. 2017, https://www.aihw.gov.au/getmedia/3da1f3c2-30f0-4475-8aed-1f19f8e16d48/20066-cancer-2017.pdf.aspx?inline=true

En utilisant cette même méthodologie, on pourrait, dans la même étude, en examinant d'autres tranches d'âge ou à d'autres périodes, aboutir à la conclusion contraire, ce qui n'aurait pas plus de sens. Ce détournement de l'épidémiologie est appelé *cherry picking*. Ceci consiste à utiliser un élément d'une étude statistique qui, sorti de son contexte, peut être interprété à l'inverse de la conclusion globale de l'étude[1].

La question de l'aluminium

L'aluminium est utilisé comme adjuvant dans de nombreux vaccins depuis 1926. Son rôle est de favoriser la réponse immunitaire induite par l'antigène vaccinal. La tolérance immédiate de l'aluminium est excellente, et l'ANSM compte 26 vaccins adjuvés à l'aluminium en France correspondant à environ 13 millions de doses administrées par an[2]. Le débat sur son innocuité est lancé en 1998 par une étude sur 18 patients se plaignant d'arthralgies, de myalgies et de fatigue intense. Cet article est signé par l'équipe du Pr Romain Gherardi, neurologue, pathologiste, directeur de l'Unité INSERM U955 E10 de l'Université Paris-Est, chef du service d'histologie-embryologie de l'hôpital Henri-Mondor à Créteil, centre de référence des maladies neuromuscu-

1. Bronner G., *La Démocratie des crédules*, Presses universitaires de France, 2013.

2. Agence nationale de sécurité du médicament et des produits de santé (ANSM), Conseil scientifique, compte rendu de séance du 8 mars 2017.

laires. Il deviendra l'auteur de nombreuses publications référencées sur la myofasciite à macrophages (MFM).

Il démontre que, chez une faible proportion de sujets vaccinés, on détecte, par biopsie musculaire au niveau du site d'injection, la présence d'aluminium dans des cellules de l'immunité (macrophages/monocytes) et dans les cellules musculaires. Cet aspect histologique (observé au microscope) définit la MFM. Le CCSV (Comité consultatif pour la sécurité des vaccins) de l'OMS confirme le probable lien de causalité entre le vaccin et cette lésion histologique. Romain Gherardi suggère, sans l'établir, qu'un syndrome clinique neurologique de type syndrome de fatigue chronique/encéphalomyélite myalgique pourrait être associé à la MFM[1]. L'OMS cependant, dès 2004, ne reconnaît pas cette corrélation et conclut à une simple cicatrice histologique[2].

L'équipe de Créteil poursuit ses recherches et étudie la distribution de cet aluminium dans l'organisme. Ces travaux sont pratiqués sur des modèles animaux (souris) avec des cohortes de quelques individus. Il s'avère que, chez certains animaux, on peut observer la présence d'aluminium dans des organes distants tels que les ganglions lymphatiques, la rate et rarement le cerveau. Les macrophages serviraient de vecteurs à cet aluminium.

1. Crépeaux G., Eidi H., David M., Baba-Amer Y., Tzavara E., Giros B., Authier F.-J., Exley C., Shaw C. A., Cadusseau J., Gherardi R. K., « Non-linear dose-response of aluminium hydroxide adjuvant particles : selective low dose neurotoxicity », *Toxicology*, janvier 2017, 15 ; 375 : 48-57.

2. https://www.who.int/vaccine_safety/committee/reports/wer7903.pdf?ua=1

Pour les quelques individus présentant une migration de l'aluminium vers le cerveau, le Pr Gherardi émet l'hypothèse que ceux-ci pourraient être porteurs d'une prédisposition probablement génétique à cette migration. Aucune étude chez l'homme n'est disponible, et le lien entre MFM et syndrome de fatigue chronique/encéphalomyélite myalgique n'a pas pu être démontré.

Malgré le caractère hypothétique de ses affirmations, il propose de développer un test biologique permettant de dépister les sujets à risque. Si cette prédisposition génétique existe, il serait alors intéressant d'identifier les individus qui en sont porteurs de façon à contre-indiquer, dans ce cas, l'administration de vaccins adjuvés à l'aluminium. Gherardi présente des travaux sur ce sujet, et un brevet concernant ce test est déjà enregistré à son nom[1]... Il est cependant troublant de constater qu'aucune équipe solide de neurologie n'a repris à son compte ces pistes de recherche.

La revue *Prescrire* (revue indépendante de l'industrie pharmaceutique) conclut en 2015, au sujet de l'association MFM-vaccins : « En pratique, au vu des données publiées, il n'est pas établi d'association entre la présence de cette lésion (MFM) et un syndrome clinique spécifique. Pour expliquer les troubles cliniques dont souffrent les patients, il est logique de rechercher d'autres causes que cette lésion[2]. » L'Académie de médecine en

1. https://bases-brevets.inpi.fr/fr/document/FR3073861.html?s=1563874488481&p=5&cHash=ab9fb3ed1d5d660506aeff9311545d1c

2. « Myofasciite à macrophages et vaccination (suite) », *Prescrire,* 2015 ; 35 (377) : 194-198.

2012 affirme qu'aucune preuve de neurotoxicité n'est imputable à l'aluminium alimentaire (absorbé quotidiennement en grande quantité) ou à l'aluminium vaccinal. Le Haut Conseil de santé publique (HCSP) en 2013 puis l'Académie nationale de pharmacie en 2016 sont sur la même ligne.

À la suite d'une demande de financement public dans le but de poursuivre ses recherches, l'équipe de l'INSERM Henri-Mondor voit celle-ci rejetée par l'Agence nationale de sécurité du médicament et des produits de santé (ANSM) en 2012. Dans un contexte rocambolesque de grève de la faim, organisée par l'association E3M (Entraide aux Malades atteints de Myofasciite à Macrophages), le Pr Gherardi finit par obtenir un financement « hors appel à projet » (HAP) par cette même ANSM.

En 2017, plusieurs études résultant de travaux financés par l'ANSM sont présentées. Les résultats sont parfois difficiles à interpréter, la translocation de l'aluminium n'existe pas chez toutes les souches de souris, et l'augmentation de la dose d'aluminium injecté n'augmente pas le risque de migration vers le cerveau, bien au contraire, ce qui est difficile à expliquer[1].

Malgré tout, ces recherches sont jugées par l'ANSM comme des « pistes de réflexion intéressantes mais qui méritent d'être davantage étayées et détaillées ». Ce budget hors appel à projet ne sera pas renouvelé. En revanche, en 2019, l'équipe de Guillemette Crépeaux obtient une

1. Agence nationale de sécurité du médicament et des produits de santé (ANSM), Conseil scientifique, compte rendu de séance du 8 mars 2017.

subvention de 400 000 euros par l'Association nationale pour la recherche (ANR)[1]. On remarque également que le CMSRI (Children's Medical Safety Research Institute) déjà évoqué de Claire Dwoskin, ouvertement antivax, subventionne aussi les travaux de Romain Gherardi. Attendons donc la suite de cette série de travaux mais rappelons que toutes les instances sanitaires continuent de considérer comme très positif le rapport bénéfice/risque des vaccins adjuvés à l'aluminium.

Sur le plan juridique, après la loi sur la vaccination obligatoire de onze vaccins en 2018, plus de 3 000 personnes déposent un recours gracieux auprès de la ministre de la Santé de l'époque, Agnès Buzyn. Il lui est demandé de supprimer l'obligation vaccinale pour les produits avec adjuvants aluminiques. Ce recours gracieux n'ayant pas abouti, un recours au Conseil d'État est mis en œuvre. Cette haute juridiction, par une publication du 6 mai 2019, a rejeté ce pourvoi[2].

Il n'y a donc pas, pour l'instant, d'argument suffisant dans ce dossier pour modifier les politiques vaccinales. Et si cette hypothèse de susceptibilité génétique devenait solide, ne doutons pas que des intérêts industriels viendraient soutenir la recherche en vue de mettre au point le test de dépistage.

1. https://anr.fr/Projet-ANR-19-CE17-0007
2. https://www.conseil-etat.fr/ressources/decisions-contentieuses/dernieres-decisions-importantes/conseil-d-etat-6-mai-2019-m.-t.-et-autres

Leurs arguments

Ces arguments que nous venons de décrire ont un aspect pseudoscientifique. Ils sont difficiles à analyser sans une réflexion approfondie. On assiste depuis le développement des réseaux sociaux à l'apparition d'une véritable désinformation basée sur des *fake news*, souvent nourrie de complotisme et qui comporte un large chapitre sur la vaccination.

5

Réseaux sociaux, *fake news*, complotisme et vaccination

Le mouvement antivax existe depuis le XVIIIe siècle et a, dès le départ, employé les moyens de communication de la presse écrite. Mais l'arrivée d'Internet et surtout des réseaux sociaux a transformé son audience. Facebook en 2004, YouTube en 2005, Twitter en 2006 vont prendre une part majeure dans la diffusion de l'information. Ces réseaux « ouverts » ont initialement des approches différentes. Facebook se veut un réseau plus familial, censurant toute nudité par exemple, alors que Twitter est d'inspiration plus libertarienne[1].

Ces plateformes sont nées pour la plupart en Californie. Des jeunes instruits, sortant de grandes universités ou même encore étudiants, en sont les créateurs. Les premiers utilisateurs ont naturellement le même profil. La recherche de profit les anime, mais il est indiscutable que la vision d'un monde meilleur est dans leur culture[2]. Ces outils modernes de communication ne tar-

1. « On pourrait imaginer un contre-pouvoir citoyen aux GAFAM », entretien avec Samuel Laurent, *Le 1*, n° 334, 17 février 2021.

2. Lanier J., « L'avènement de l'ère CALAMITE », *Le 1*, 17 février 2021.

deront pas à intéresser d'autres profils attirés par la grande liberté d'expression et l'absence quasi totale de contrôle des informations circulant sur ces réseaux. Cette liberté va alors faire le jeu de tous les auteurs d'informations mensongères, *fake news* et conspirations diverses. « Le faux est susceptible d'une infinité de combinaisons ; mais la vérité n'a qu'une manière d'être », écrivait Rousseau en 1750[1]. Ces multiples combinaisons vont se répandre sur la Toile et dépasser les limites matérielles qui pouvaient les contraindre préalablement.

Les antivax s'approprient les réseaux sociaux

Les militants vaccinophobes dont nous avons parlé précédemment ne font pas exception à cette règle.

La cartographie et l'organisation des antivaccins sur Facebook ont été détaillées par un article remarquable paru dans *Nature* en 2020[2]. Les auteurs de cet article, piloté par Neil Johnson de l'université de Washington, sont connus pour avoir travaillé sur les contenus pro-État islamique sur la plateforme russe VKontakte. L'objectif était d'analyser comment des petits groupes

1. Rousseau J.-J., *Discours sur la science et les arts*, 1750.

2. Johnson N. G. *et al.*, « The online competition between pro- and anti-vaccination views », *Nature*, 2020.

terroristes s'agrègent et à quel moment le passage à l'acte devient imminent[1].

Les messages antivax d'environ cent millions d'usagers ont été analysés en sélectionnant des mots-clés autour de la vaccination. Chaque page et ses associations (nombre de like, relances, commentaires, reprise des hashtags, etc.) sont dénommées «*cluster*», dont l'importance se mesure au nombre de ces échanges. Ces clusters sont ensuite cartographiés après avoir été classés en trois groupes : «indécis», «provax» ou «antivax». Il en ressort que les «indécis» sont de loin les plus nombreux, plus de cinquante millions de pages. Contrairement à une idée reçue, ils sont très actifs et vont chercher les informations en créant eux-mêmes de nouveaux liens. Les clusters antivax sont plus petits en nombre d'abonnés mais ils dominent la plateforme par leur nombre et sont très connectés aux indécis. Ils sont plus attractifs en proposant un large éventail de récits et d'affirmations sur les problèmes de sécurité. On y trouve aussi des théories du complot sur la santé et des produits de médecine alternative, censés guérir du virus Covid-19.

Ces clusters opposés aux vaccins sont de taille moyenne, mais ce sont ceux qui se développent le plus rapidement. Certains d'entre eux abordent par ailleurs d'autres préoccupations complotistes comme la 5G, Bill Gates (qui aurait planifié l'épidémie pour réduire la

1. Dieguez S., «Comment les anti-vaccins gagnent du terrain grâce au complotisme», Conspiracy Watch – L'Observatoire du conspirationnisme, 22 mai 2020.

population mondiale), les chemtrails (ces traces laissées par les avions dans le ciel interprétées comme des épandages de produits chimiques dans le cadre d'opérations secrètes), le réchauffement climatique ou les pesticides. Ces pages sont souvent interconnectées avec d'autres réseaux sociaux, comme VKontakte ou Telegram, tous deux d'origine russe, Facebook, Instagram, Snapchat, présents surtout dans les pays occidentaux, et WeChat ou Weibo en Chine. Les pages provax, bien que plus importantes, ne participent pas en général aux débats contradictoires qui peuvent être assez violents. Elles dénombrent plus de soutiens individuels, mais les projections de Neil Johnson[1] sont inquiétantes ; au rythme actuel, en 2030, les antivax pourraient devenir majoritaires même si cette progression doit être analysée prudemment.

Nous disposons également d'analyses de la diffusion des « fausses nouvelles » sur Twitter. Soroush Vosoughi du MIT (Massachusetts Institute of Technology) explique dans *Science*[2] que les fausses nouvelles diffusent beaucoup plus loin, circulent plus vite et plus largement que les propos fondés scientifiquement. Leur présence sur les réseaux sociaux est en revanche plus courte. L'analyse sémantique des messages suggère que les mensonges inspirent la peur, le dégoût et la surprise

1. Johnson N. G. *et al.*, « The online competition between pro- and anti-vaccination views », art. cité.
2. Vosoughi S. *et al.*, « The spread of true and false news online », *Science*, n° 359, 1146-51, mars 2018.

alors que les histoires vraies suscitent l'anticipation, la tristesse, la joie et la confiance. Les sentiments associés aux fausses nouvelles sont considérés par Soroush Vosoughi comme plus originaux, plus surprenants, ce qui explique selon lui la rapidité de leur diffusion. Il rappelle que cette diffusion est bien d'origine humaine et que la responsabilité des réseaux sociaux ne doit pas masquer celle des rédacteurs.

Bot, troll, que faut-il craindre des comptes malveillants sur les réseaux sociaux ?

Sur les réseaux sociaux, Twitter tout particulièrement, on peut constater que certains comptes mal identifiés utilisent des robots ou « bots »[1]. Ces comptes robotisés sans intervention humaine sont utilisés par les acteurs de la désinformation. L'envoi massif de « trolls », ces messages volontairement polémiques et agressifs, parfois parodiques, *via* ces robots a pour objectif d'en provoquer la diffusion plus rapide[2]. Ces procédés permettent ainsi d'amplifier artificiellement la portée d'un message en le rendant plus populaire qu'il ne l'est vraiment, et de le rendre plus lisible grâce aux algorithmes des médias sociaux. Ces outils sont principalement utilisés

1. Nsoesie E. O. *et al.*, « Identifying patterns to prevent the spread of misinformation during epidemics », *Harvard Kennedy School Misinformation Review*, avril 2020, vol. 1.

2. Scherer E., « Comprendre les bots, les botnets et les trolls », Méta-média – La révolution de l'information, 24 décembre 2018.

en politique – ce fut par exemple le cas lors de la campagne des élections présidentielles aux États-Unis en 2016.

Dans le domaine de la vaccination, quelques travaux suggèrent l'utilisation de ces outils numériques. David Broniatowski et son équipe de l'Université George-Washington de Washington DC, en essayant d'améliorer les communications des médias sociaux pour les travailleurs de la santé publique, ont fait une découverte[1]. Ils ont trouvé des trolls et des bots qui interfèrent dans le débat sur la sécurité des vaccins. Il s'agissait de messages provax ou antivax provenant de comptes russes, intervenus justement pendant l'élection présidentielle américaine en 2016. Ces chercheurs soupçonnent une origine malveillante de ces bots et trolls, car d'autres messages étaient souvent associés à des contenus à propos de race, de classe sociale, du bien-être des animaux ou remettant en cause la légitimité du gouvernement américain.

Mais le sujet tournant autour de la vaccination n'est souvent qu'un appât. Les messages associés sont généralement à caractère publicitaire ou visent à cliquer sur des liens vers des sites malveillants. Ils peuvent aussi être destinés à lancer une polémique débordant largement dans le champ politique, comme c'est régulièrement le cas dans la désinformation antivaccinale. Cette étude est publiée alors que les réseaux sociaux s'efforcent de lutter contre la désinformation.

1. Broniatowski D. A. *et al.*, « Weaponized Health Communication : Twitter Bots and Russian Trolls Amplify the Vaccine Debate », *American Journal of Public Health*, 2018 ; 108 : 1378-1384.

Jessica Glenza du journal *The Guardian*[1] précise que, en février 2018, les responsables de Twitter affirment avoir supprimé 3 800 comptes liés au gouvernement russe par l'intermédiaire de l'Agence de recherche sur Internet. En août, 650 autres comptes ont été fermés par Facebook pour la même raison.

Des exemples de désinformation provenant de sources russes par le biais de bots sur les réseaux sociaux ont été documentés en République démocratique du Congo lors de l'épidémie Ebola en 2014. Ces messages présentaient les soignants américains comme responsables d'une ingérence sur le territoire du Congo destinée à favoriser la propagation du virus[2]. Les centres de traitement d'Ebola en République démocratique du Congo sont ici identifiés comme des symboles d'une intervention étrangère. Des informations sur les attaques armées contre ces dispensaires figuraient également dans ces messages. Cela n'est pas sans rappeler certaines campagnes de désinformation datant de l'époque soviétique.

En 2020, une nouvelle étude, cosignée par le groupe Cochrane d'Afrique du Sud et un enseignant en sciences politiques de l'université de Waltham dans le Massachusetts[3], a confirmé l'utilisation de trolls et de bots sur le réseau Twitter dont certains proviennent effectivement de pays étrangers. Leur rôle dans l'hésitation

1. Glenza J., « Russian trolls spreading discordover vaccine safety online », *The Guardian*, 23 août 2018.

2. https://www.cfr.org/blog/disinformation-and-disease-social-media-and-ebola-epidemic-democratic-republic-congo

3. Wilson S. L. *et al.*, « Social media and vaccine hesitancy », *BMJ Global Health*, 2020 (5).

vaccinale ne fait pas de doute. Toutefois, les objectifs de leur utilisation semblent plus s'inscrire dans une stratégie de la discorde que dans un but spécifiquement sanitaire.

Les algorithmes

Les réseaux sociaux et les moteurs de recherche (Google, Amazon, par exemple) propagent les informations selon des algorithmes qui suggèrent à l'internaute de nouvelles sélections selon l'historique de ses connexions, et donc sensément en lien avec ses affinités, afin de le faire cliquer sur tel ou tel lien judicieusement choisi. Ces algorithmes sont confidentiels et stratégiques. Leur objectif est de capter et de retenir notre attention en augmentant le temps passé sur la plateforme[1]. L'un des éléments décisifs dans l'ordre d'apparition des références proposées est le *pagerank*, note chiffrée proportionnelle à sa popularité[2]. La plateforme suppose que, si un site est populaire, les nouveaux visiteurs l'apprécieront et continueront donc leur consultation. Cette note peut être artificiellement augmentée par différents moyens, entre autres par les bots que nous avons évoqués plus haut. Ce phénomène est devenu crucial : sur YouTube par exemple à 70% des vidéos visionnées ne le sont pas

1. Jean A., *De l'autre côté de la Machine. Voyage d'une scientifique au pays des algorithmes*, L'Observatoire, 2019.
2. Bronner G., *La Démocratie des crédules*, *op. cit.*

par une démarche proactive du spectateur mais par une proposition de la plateforme.

Sur les sites francophones, une étude de Jeremy Ward (*cf.* chapitre 3) en 2015 montre que, sur la version française de Google, les questions sur la vaccination induisent des réponses orientées surtout vers des sites vaccinosceptiques, repoussant plus loin les pages plus généralistes[1]. Ces pages plus polémiques sont plus souvent consultées que des pages favorables à la vaccination, souvent d'origine institutionnelle et pas forcément très attractives. À la suite de demandes répétées des autorités sanitaires, des modifications sur ce sujet ont été apportées en 2019 par Google, mais la régulation de l'information sur Internet reste un problème complexe[2]. La lecture automatisée et l'analyse du contexte des requêtes, quand bien même il est fait appel à l'intelligence artificielle, restent imparfaites.

La coordination de groupes organisés peut également amplifier l'effet des algorithmes. Ce procédé est appelé *astroturfing*. Ainsi, une minorité militante, en organisant des connexions nombreuses et rapprochées, a pu optimiser l'impact du film documentaire indépendant *Hold-up* sorti en novembre 2020 sur la plateforme Vimeo. Ce film de deux heures quarante prétend dévoiler la face

1. Ward J. K. *et al.*, « Vaccine-criticism on the internet : New insights based on French-speaking websites », *Vaccine*, n° 33, 2015, 1063-70.

2. « Google modifie l'algorithme de son moteur de recherche en français », *Le Monde*, 9 décembre 2020.

cachée de l'épidémie de Covid-19 en assénant des contre-vérités formulées par des personnalités antivax militantes[1], dont certaines sont proches de la mouvance QAnon[2]. Les adeptes de ce mouvement, d'origine américaine, sont ouvertement conspirationnistes. Leur objectif est de réunir toutes les théories complotistes possibles en les agrégeant autour de codes largement inspirés du film *Matrix*[3]. Grâce au financement participatif des plateformes, les producteurs du film *Hold-up* ont pu obtenir 300 000 euros et sortir la vidéo de sa marginalité. Très présente aux États-Unis, cette mouvance commence à arriver en Europe, et des signalements ont éte récemment adressés à la Miviludes (Mission interministérielle de vigilance et de lutte contre les dérives sectaires)[4].

Quel est l'impact du message antivax sur l'opinion publique ?

L'opinion publique peut-elle être sondée par l'analyse des échanges sur les réseaux sociaux ?

---

1. Senecat A. et Maad A., « Les contre-vérités de "Hold-up", documentaire à succès qui prétend dévoiler la face cachée de l'épidémie », *Le Monde*, « Les Décodeurs », 12 novembre 2020.
2. Delaporte L., « *Hold-Up* : les QAnon et l'extrême droite en embuscade », Mediapart, 17 novembre 2020.
3. Hanne I. et Gendron G., « QAnon : la rhétorique du complot », *Libération*, 3 mars 2021.
4. Jacob E., « QAnon, cette mouvance pro-Trump conspirationniste qui touche la France », *Le Figaro*, 14 février 2021.

En 2014, le Baromètre européen de la culture numérique en santé[1] montre que 59% des sondés recherchent des informations médicales sur Internet, et, sans surprise, c'est la fraction des plus jeunes qui est la plus représentée. Les blogs et les forums sont plus utilisés que les sites institutionnels mais moins que les moteurs de recherche à propos de la vaccination. Dans 39% des cas, les internautes ne croient pas vraiment les informations trouvées; 89% sont satisfaits de la qualité des informations; et 81% se sentent capables de trier les vraies informations des fausses.

En 2017, sur YouTube, la recherche de mots-clés comme *vaccine safety* et *vaccines and children* permet de consulter 87 vidéos, dont 65% d'entre elles sont opposées à la vaccination, 36,8% n'apportent pas d'éléments scientifiques et seulement 5,6% proviennent de sites institutionnels[2]. La polarisation des internautes est évidente, les communautés de pensée se retrouvant sur les mêmes pages. Les hésitants sont nombreux, et plusieurs profils sont identifiés. Les parents d'enfants en âge d'être vaccinés ne sont pas toujours capables d'analyser le contenu des messages, et la fiabilité de ces messages n'est reconnue qu'une fois sur deux par les étudiants.

1. https://ec.europa.eu/commfrontoffice/publicopinion/flash/fl_404_en.pdf

2. Puri N. *et al.*, « Social media and vaccine hesitancy : new updates for the era of COVID-19 and globalizes infectious diseases », *Human Vaccines & Immunotherapeutics*, novembre 2020, 1; 16 (11) : 2586-2593.

En janvier 2021, Anne Hommel et Sacha Mandel[1], spécialistes de la communication et des réseaux sociaux, rapportent une étude IPSOS publiée en janvier 2021. L'analyse des informations et des propos sur les réseaux sociaux y est comparée à des sondages plus conventionnels. On apprend alors que 60 % de la population française n'a pas l'intention de se faire vacciner dans l'immédiat contre le Covid-19. Mais seuls 14 % sont opposés aux vaccins en général, alors qu'en Australie ce chiffre est de 18 %, 17 % au Royaume-Uni, 19 % aux États-Unis[2], pays où l'hésitation vaccinale est pourtant considérée comme plus faible qu'en France.

Les réseaux sociaux surexposent les informations polémiques sans en contrôler le contenu, mais quelle est leur audience ?

Ces deux communicants affirment que, abreuvés par ces messages, les journalistes et les élus sont victimes d'un « biais d'audience ». Les décisions publiques peuvent alors être influencées par ces messages provenant de fractions très minoritaires. En fait, ce qui est en cause n'est pas le principe du réseau social mais l'utilisation que nous en faisons. Un outil permet de croiser les sondages conventionnels avec les nouvelles techniques d'écoute des réseaux sociaux. Seuls 2,9 % des sondés expriment spontanément une opinion antivax sur

1. Hommel A., Mandel S., « Covid-19. Considérer qu'une majorité de Français est opposée au vaccin est une illusion », *Le Monde*, 10 janvier 2021.

2. https://www.ipsos.com/sites/default/files/ct/news/documents/2020-12/global-attitudes-on-a-covid-19-vaccine-december-2020-report.pdf

Twitter, ce qui reste marginal. Dans la même période, ce réseau n'a touché qu'un Français sur cinq en un mois. Mais journalistes et élus, ciblés par les antivax, peuvent recevoir jusqu'à soixante-dix messages contre la vaccination chaque jour[1].

Dans le même ordre d'idées, la corrélation entre l'exposition aux messages Twitter et la couverture vaccinale HPV a été étudiée aux États-Unis. Le niveau socio-économique a été également pris en compte[2]. Là où l'exposition aux tweets est forte, la vaccination est faible, sans que cela soit pour autant expliqué par des facteurs socio-économiques. La couverture vaccinale est plus faible dans les États du Midwest où les préoccupations de sécurité des vaccins, où la désinformation et les complots autour de la vaccination font l'objet d'un plus grand nombre de messages. La question se pose donc de savoir si les représentations négatives dans ces médias reflètent ou influencent l'acceptation des vaccins ? Quoi qu'il en soit, la corrélation existe au point de proposer l'analyse des tweets d'une population en tant que signal reflétant les comportements de santé !

Les utilisateurs de Twitter ne sont pas nécessairement représentatifs de la population générale, bien sûr. Toutefois, devant l'importance des corrélations rapportées, des études précises permettraient d'identifier les endroits où la désinformation est la plus répandue.

1. Hommel A., Mandel S., « Covid-19. Considérer qu'une majorité de Français est opposée au vaccin est une illusion », art. cité.

2. Dunn A. G., « Mapping information exposure on social media to explain differences in HPV vaccine coverage in the United States », *Vaccine*, n° 35 (2017) 3033-3040.

Grâce à ces analyses, des interventions de santé publique pourraient alors être élaborées.

Il existe toutefois d'autres moyens au travers desquels les réseaux sociaux influencent notre comportement.

Les biais cognitifs

Les algorithmes utilisés par les réseaux sociaux renforcent nos heuristiques, c'est-à-dire notre propension naturelle à choisir la solution la plus simple, la plus intuitive[1]. Mais cette simplification peut nous conduire à des erreurs d'interprétation, comme souvent lorsque les informations sont simplifiées.

Un biais cognitif est une déviation de la pensée logique dans le traitement d'une information qui nous parvient. Il s'agit d'un schéma de pensée qui permet de porter un jugement ou de prendre une décision plus rapidement et avec moins d'effort. Mais cette distorsion de la pensée peut aboutir à des raisonnements irrationnels et illogiques. Nous accordons alors des importances différentes à des faits de même nature, ce qui peut entraîner des paradoxes dans nos raisonnements.

Le biais de *confirmation*, par exemple, est défini par notre tendance à choisir les informations qui renforcent nos opinions. C'est particulièrement vrai lorsque nous surfons sur Internet. Les propositions qui nous sont faites par les plateformes sont calculées en tenant compte de ce

1. Moukheiber A., *Votre cerveau vous joue des tours*, Allary Éditions, 2019.

biais, l'historique de nos consultations donnant de précieuses informations sur nos préférences. Ces propositions conformes à nos opinions ont l'avantage, pour ces réseaux, de nous entraîner, de nous capter plus longtemps sur leur contenu, quelle qu'en soit la nature. C'est ainsi qu'une requête sur Google ne donnera pas forcément la même liste de références à tous, privilégiant pour chacun les propositions conformes à nos opinions.

Le biais de *représentativité* consiste à donner à notre propre expérience et à nos représentations plus d'importance qu'aux données objectives provenant des informations qu'on nous soumet. Ce biais est largement utilisé par les antivax qui, en saturant les réseaux sociaux avec des informations de prétendus accidents, parviennent à convaincre que les vaccins ne remplissent pas leur exigence de sécurité.

L'exemple classique de ce biais est le transport en avion qui est ressenti comme très dangereux alors que le risque d'accident est bien plus grand sur la route.

Intéressons-nous également à la théorie de Dunning-Kruger[1] qui explique l'illusion de connaissance de certains utilisateurs des réseaux sociaux. Ces deux psychologues décrivent comment, après une approche souvent approximative d'un sujet, dans un climat inapproprié de confiance sur nos connaissances, il nous arrive de proférer parfois des affirmations erronées, sûrs de notre savoir. Lorsque nous commençons à acquérir une certaine compétence, un pic de confiance injustifié s'installe, et nous surestimons nos capacités. Ce n'est que plus tard,

1. *Ibid.*

après avoir fourni l'effort nécessaire, que nous découvrons l'étendue de notre ignorance, pouvant ainsi nous mettre au travail pour appréhender un concept. Cette seconde phase est souvent contemporaine d'une période de découragement. L'illusion de connaissance explique une bonne partie du comportement de ces prétendus « experts » qui, après avoir lu une simple page Facebook, ne croient plus la parole de scientifiques ayant passé leur carrière à travailler sur le sujet en question. Afin de pouvoir contrer cet effet Dunning-Kruger, il faut avoir conscience de ce pic de confiance chaque fois que nous découvrons une nouvelle idée[1].

Il est facile d'identifier ceux qui surestiment leur capacité cognitive sur le sujet qu'ils évoquent. Inversement, l'humilité responsable des vrais experts permet facilement de les remarquer parmi tant d'oracles béatifiés par les réseaux sociaux. Les médias conventionnels, tétanisés devant la place prise par ces plateformes, et parfois dénués de compétences scientifiques spécialisées, oublient parfois leur rôle d'investigation.

Il est évident qu'Internet a modifié l'accès à l'information, mais a aussi ouvert des pans de désinformation. Walter Quattrociocchi, spécialiste italien en sciences sociales computationnelles, en distingue plusieurs types[2]. Tout d'abord, « l'analphabétisme fonctionnel », c'est-à-dire

1. *Ibid.*

2. Quattrociocchi W., « Désinformation sur les réseaux sociaux : ce que révèlent les statistiques », *Pour la science*, n° 472, février 2017.

l'incapacité d'un sujet à comprendre un texte. Cela concerne des personnes qui savent lire, écrire et compter mais qui, dans certaines situations, ne sont pas capables de comprendre des concepts plus complexes. Cette problématique est née de l'exigence du monde du travail qui évolue très vite et dépasse les compétences initiales d'un certain nombre de salariés, leur demandant sans cesse d'étendre leur champ de compétences. Sur le sujet du vaccin, il faut s'interroger sur la fragilité des connaissances du grand public mais aussi des professionnels de santé dans ce domaine, nous y reviendrons.

Ce phénomène peut induire un « paradoxe de la conspiration » qui touche les internautes les plus méfiants, et Walter Quattrociocchi[1] met en évidence une corrélation entre la méfiance vis-à-vis des médias classiques et la capacité à se faire manipuler. Pourtant, l'information scientifique est facilement identifiable, travaux détaillés, auteurs désignés exerçant dans des institutions connues et affichées. Mais les utilisateurs au profil complotiste sont renforcés dans leur croyance en cas d'exposition à la démystification et augmentent leurs interactions avec des sources de désinformation.

Le complot « Big Pharma », OMS et responsables politiques

Le complot est l'hypothèse selon laquelle un événement se produit à la suite d'une concertation secrète de

1. *Ibid.*

différents acteurs qui y trouvent un intérêt. En 2010, les théories conspirationnistes affluent. Certains voient dans le vaccin contre la grippe H1N1 un empoisonnement massif de la population par un État criminel aux ordres des laboratoires pharmaceutiques et encouragé par l'OMS.

Les biais cognitifs, que nous avons évoqués plus haut, participent à la négation de la complexité du réel qui propose une solution unique expliquant quasiment tout sous la responsabilité d'une élite économique et médiatique. Le vaccin, au cœur du triangle OMS-laboratoires pharmaceutiques-responsables politiques nationaux ou européens, est l'objet de nombreuses théories. On retrouve ici les ingrédients classiques de la conspiration : l'argent, le pouvoir, la puissance colonisatrice internationale et opaque, entre autres. Le complotisme, fondé sur ce trépied, s'appuie sur des corrélations supposées, souvent factices mais parfois réelles, ou sous-tendues par des propos divergents de hauts responsables.

Le sociologue Emmanuel Taïeb nous en donne une lecture détaillée. Lors de la crise de la grippe A (H1N1) en 2009, la collusion de ce trio est accusée d'avoir pour objectif «la réduction de la population et la prise de contrôle politique et économique de l'Amérique du Nord et de l'Europe[1]»! Le consensus médiatique est analysé comme une connivence des journalistes avec les laboratoires et les politiques. La croyance en ce complot médiatico-politico-industriel peut également trouver ses racines dans la sphère religieuse. Le conspirationnisme

1. Taïeb E., «Logiques politiques du conspirationnisme», *Sociologie et sociétés*, 42 (2); 2010.

est imperméable à la contre-démonstration et s'applique à éliminer les allégations contraires, au mieux en délégitimant ceux qui les portent. Les événements successifs, de quelque nature qu'ils soient, sont au fur et à mesure intégrés à la logique du complot dont ils servent la cause, et chaque signe est interprété dans le sens du complot. Chez les adeptes de cette théorie, la compréhension de son mécanisme est rassurante et atténue l'impact anxiogène de l'incertitude de la réalité. Par exemple, la grippe A, initialement baptisée «porcine», est débaptisée pour éviter de stigmatiser des éleveurs français. Ce changement de dénomination, abandonnant la dénomination et donc l'origine animale du virus, est assimilée à un aveu de l'OMS reconnaissant l'origine artificielle du virus...

Le complot prend un sens plus politique en identifiant un ennemi, et son élimination devient primordiale, constituant le vrai danger du complotisme. Le conspirationnisme est amplifié dans les périodes de crise. L'événement trouve une solution simple, et si certains analysent le complotisme comme une forme de paranoïa, d'autres y voient plutôt, eux, une forme de raisonnement s'intégrant au jeu politique, en légitimant les initiés qui se trouvent ainsi au même niveau que les responsables du complot. Pour la grippe H1N1, comme pour la vaccination en général ou l'épidémie de Covid-19, les ingrédients sont là. L'OMS, puissance supranationale, «règne» (!) sur des États malveillants souhaitant empoisonner leur population. On est encore à l'époque dans un contexte de scandales sanitaires tels que celui du sang contaminé puis celui de la canicule de 2003, pour lesquels des sanctions ont été prises. Ajoutons la controverse sur la vaccination contre l'hépatite B, et une remise en cause de la science elle-même et de ses applications industrielles. Le vaccin est alors assimilé à une arme de destruction massive, et les responsables politiques, comme aujourd'hui pour le vaccin contre le Covid-19, ont pour objectif de « ne pas laisser mourir ». Le débat devient politique, et les conspirationnistes trouvent une certaine légitimité à y participer, même si la plupart le font sous une forme plutôt fantaisiste. Possédant une information « éclairée », les complotistes trouvent avec les réseaux sociaux une tribune leur donnant accès à une exposition jamais atteinte.

L'inoculation du vaccin H1N1 est associée par certains à l'idée de l'introduction d'une puce électronique dans l'organisme humain, destinée à surveiller la population mondiale – fantasme que l'on retrouve aujourd'hui encore. Emmanuel Taïeb, en 2010, évoque des enquêtes du moment, identifiant quelques individus à la source de la dénonciation du complot. Médecins interdits d'exercice, individus pratiquants des médecines alternatives sans compétence médicale, qui ont en commun la volonté de faire tomber les mensonges supposés de l'industrie pharmaceutique. La proximité avec d'autres complots est là, le soutien des partis extrémistes aussi. La collusion est largement développée, virus sortant d'un laboratoire, complot bio-terroriste, immunité juridique accordée aux fabricants de vaccins, brevets déposés avant l'apparition du virus[1], non, ce ne sont pas encore les remous liés à la

1. https://www.conspiracywatch.info/grippe-a-h1n1-quelques-reponses-aux-rumeurs-qui-inondent-la-toile_a455.html

fabrication du vaccin contre le Covid, nous parlons bien de la grippe H1N1 !

L'histoire se répète, le scénario conspirationniste était déjà prêt, qu'importe le nom du virus.

Le complotisme est donc, lui aussi, une vieille histoire. Le ressentiment peut en être le moteur, selon Cynthia Fleury, philosophe et psychanalyste, auteur d'un livre qui aborde ce sujet[1]. Elle juge la surinformation mortifère par sa fixation obsessionnelle sur la maladie, mais elle explique que la période dans laquelle nous sommes est fortement marquée par l'incertitude. Pour se rassurer et évacuer son ressentiment, l'être humain a besoin de simplification, de repères cognitifs simples. Le complot apporte, *via* des récits de manipulation, de domination par une minorité élitiste, la maîtrise totale d'une évidente causalité en évacuant ainsi l'incertitude angoissante. Cette simplification, en renforçant les biais cognitifs, conforte le « délire victimaire » des plus fragiles qui peuvent ainsi être confortés dans leurs idées. Les réseaux sociaux accentuent le phénomène par une libération de la parole, et « l'idée d'un grand complot permet à la fois de se reconnaître victime et de se renarcissiser »[2]. C'est pour cette raison que le complotisme prend une ampleur nouvelle et vigoureuse en période

1. Fleury C., *Ci-gît l'amer. Guérir du ressentiment*, Gallimard, 2020.
2. Bastié E., « Le ressentiment est une émotion et un système de pensée très puissants », entretien avec Cynthia Fleury, *Le Figaro*, 1er décembre 2020.

de crise, et sous des formes quasi similaires d'une fois sur l'autre, comme nous venons de le montrer.

Le complot met en cause aussi les médecins complices de l'industrie pharmaceutique, et c'est le thème des liens d'intérêt entre experts et Big Pharma qui resurgit. L'argument de la corruption pointe. Malgré tout, comment imaginer, au sein d'une communauté scientifique internationale, formée d'équipes concurrentes et multidisciplinaires, qu'un consensus puisse se fonder uniquement sur un complot consensuel[1] ? On peut envisager que certains soient faillibles et fassent des erreurs comme tout un chacun. Mais comment, dans un microcosme en compétition permanente, pourraient-ils tous ensemble ou presque participer à un complot obscur et cynique ? Une unanimité existe parmi ces spécialistes, celle du rejet des théories fumeuses et des études approximatives, qui pourrait être assimilée avec raison à un complot contre la médiocrité. Ceux qui, en revanche, ne parviennent pas à intégrer cette communauté, souvent par manque de valeur de leurs travaux, crient alors au complot scientifico-industriel[2].

1. Bronner G., *La Démocratie des crédules*, *op. cit.*
2. *Ibid.*

La transparence des liens d'intérêt, un vrai sujet

Bien évidemment, parmi ces spécialistes, on trouve de tristes sires, le plus bel exemple étant Jérôme Cahuzac, chirurgien, ancien député puis ministre, condamné à de la prison pour fraude fiscale[1]. Une partie de l'argent détourné provenait de laboratoires, de manière probablement légale, mais choquante moralement pour quelqu'un qui n'en faisait pas état et qui participait à certaines commissions décisives pour la tarification de médicaments. Toute communauté, médecins, chercheurs, scientifiques, possède ses moutons noirs. Mais il ne s'agit plus là de science, simplement de délits qui doivent être condamnés.

La transparence est indispensable, et elle n'est probablement pas assez ancrée dans la culture des scientifiques européens, et français notamment; il faut la faire appliquer et sanctionner les manques, sans passe-droit. Les textes réglementaires existent déjà sur la transparence, mais aussi sur les conditions encadrant les relations financières entre les médecins et les laboratoires. La base de données «transparence santé» collige tous les liens entre l'industrie et les professionnels de santé. Elle est consultable en accès libre, et sa mission est claire : «Les entreprises produisant ou commercialisant des produits à finalité sanitaire ou cosmétique doivent rendre

1. «Les liens de Cahuzac avec les laboratoires pharmaceutiques à la loupe des enquêteurs», *Le Monde* avec AFP et Reuters, 4 avril 2013.

publics les avantages accordés aux différents acteurs intervenant dans le champ de la santé, notamment aux professionnels de santé, ainsi que l'existence des conventions conclues avec ces acteurs et les rémunérations versées[1]. » Les laboratoires sont responsables de l'exhaustivité des déclarations. Les outils sont là, et les choses ont évolué depuis la loi du 29 décembre 2011 qui définit les relations entre industriels et médecins.

Alors, que faire ?

Les théories du complot résistent à l'épreuve des faits et à l'argumentation objective. Tout esprit critique est instantanément qualifié de complice et vient donc renforcer ce complot. Imposer une législation anti-*fake news* comme cela a été imaginé ? On peut craindre que le contrôle de l'information ne fasse que renforcer l'idée du complotisme qui a toujours un volet politique habituellement en opposition avec le pouvoir en place et les institutions[2].

Que peut-on faire pour éviter les infox sur le Net ?

L'une des solutions à la flambée de la désinformation sur Internet est le *fact checking*. Des journalistes sont missionnés pour vérifier les affirmations provenant de tribunes ou d'interviews. Si cet exercice, né en 1920

1. https://www.transparence.sante.gouv.fr/flow/main
2. Gauvrit N. *et al.*, « Complotisme : les médias en font-ils trop ? », *Cerveau & Psycho*, n° 97, mars 2018.

selon le journaliste Laurent Bigot, était quasiment exhaustif à l'époque, il est désormais très ponctuel compte tenu de la masse colossale d'informations à traiter[1]. À cette période, la confiance populaire dans les médias était plus élevée qu'aujourd'hui. La pratique se développe en France à partir de la fin des années 2000. *Libération* ouvre la voie en 2008 avec la rubrique « Désintox », puis c'est le tour du *Monde* avec « Les Décodeurs » ; ces deux journaux sont suivis par de très nombreux autres médias conventionnels. Des petits groupes, comme « Les Vaxxeuses », œuvrent sur Facebook et Twitter pour repérer les infox qui concernent la vaccination circulant sur les réseaux sociaux. Ces bénévoles, restés anonymes à cause de menaces de mort, peuvent paraître noyés dans des réseaux surproductifs en *fake news*, il n'en demeure pas moins que, en utilisant intelligemment les algorithmes, ils organisent une riposte significative[2].

Plus généralement, les plateformes sont écartelées entre liberté d'expression, contenus haineux, diffamatoires, de mauvaises presse pour le réseau lui-même, et le fait d'être forcément soucieuses de leurs propres intérêts. Facebook essaye de mettre en place des programmes de vérification des informations mais en exempte les messages publicitaires politiques. Twitter introduit une démarche participative et demande à ses

1. Bigot, L., « Le *fact-checking* ou la réinvention d'une pratique de vérification », *Communication & langages*, 2017, 2 (2), 131-156.

2. Bordron M., « Ils luttent contre les infox des groupes antivaccins », France Culture, 30 décembre 2020.

usagers de signaler les contenus trompeurs[1], et supprime des contenus litigieux voire des comptes comme celui de Trump ou de militants de QAnon. Mais Samuel Laurent, responsable des « Décodeurs », rappelle les difficultés du contrôle des contenus et signale la création de réseaux alternatifs pour les exclus de Twitter et Facebook[2]. Fermez la porte, il reste toujours une fenêtre... La solution n'est donc pas encore à portée de main ou de clic, et le travail risque d'être long...

1. https://www.nbcnews.com/tech/social-media/twitter-launches-birdwatch-forum-combat-misinformation-n1255552

2. « On pourrait imaginer un contre-pouvoir citoyen aux GAFAM », entretien avec Samuel Laurent, *Le 1*, art. cité.

6

L'aventure de la vaccination HPV

Contemporaine des réseaux sociaux, cette vaccination fait l'objet d'une forte résistance. Il est intéressant d'en détailler l'histoire. Le vaccin contre le papillomavirus a été mis sur le marché en France en 2006. Ce vaccin a pour objectif de prévenir plusieurs cancers, celui du col de l'utérus mais aussi de l'anus, de la vulve, du vagin et certains cancers ORL chez les femmes mais aussi chez les hommes. Et pourtant, en France la couverture vaccinale en 2019 était de 28% alors qu'elle dépassait 78% en Australie[1], comment comprendre cet écart ?

Le papillomavirus

Les papillomavirus constituent une famille de plus de 170 virus identifiés par leurs sérotypes découverts à partir des années 1970. Ces sérotypes, virus de la même famille ayant des propriétés un peu différentes, ont été

1. « Vaccination contre les HPV et cancers », Institut mondial du cancer, décembre 2020.

séquencés, c'est-à-dire identifiés par leur ADN, entre 1984 et 2004, essentiellement dans l'espèce humaine. On les désigne par un numéro correspondant à l'ordre chronologique de leur découverte. Certains, non oncogènes, peuvent induire des pathologies bénignes comme les verrues génitales (condylomes). D'autres, en revanche, sont oncogènes, c'est-à-dire qu'ils ont la capacité de transformer des cellules humaines normales en cellules cancéreuses.

À la fin des années 1990, le rôle de ces virus dans la genèse des cancers du col est explicité par l'équipe de Harald zur Hausen, virologue allemand qui obtiendra pour cette découverte le prix Nobel de médecine en 2008. Ses travaux établissent que tous les cancers du col sont dus à certains papillomavirus (16, 18, 31, 33, 35, 45, 52, 58...). Les types 16 et 18 sont les plus agressifs et les plus fréquents. Ils sont responsables à eux seuls d'environ 70 % des cancers du col utérin en Europe. Il faut souligner que ces virus peuvent aussi induire des cancers du vagin, de la vulve, de l'anus, du pénis et de l'oropharynx. Le nombre de cancers du col est voisin de celui des autres cancers HPV dépendants, plus de 6000 par an au total.

L'infection par HPV est habituellement asymptomatique et ne peut être diagnostiquée que par des tests biologiques. Elle touche une population jeune avec une forte prévalence avant 25 ans. Au moins 75 % des femmes et des hommes sexuellement actifs auront une infection HPV au cours de leur vie. Le virus disparaît spontanément dans 90% des cas en moins d'un an[1]. Les cancers induits surviennent tardivement après l'infection initiale, ce qui rend le lien entre virus et cancer peu intuitif. Ce délai est estimé à environ dix ans entre l'infection HPV et un état précancéreux de haut grade, et il faut quinze à vingt ans entre l'infection et un cancer à proprement parler. La prévention par préservatif est inefficace dans ce cas précis, car la transmission virale peut se faire en dehors de toute pénétration par contacts cutanés voire manuportés.

Le cancer du col de l'utérus touche des femmes de 40 à 50 ans et nécessite presque systématiquement une hystérectomie (ablation de l'utérus), une radiothérapie, et parfois une chimiothérapie. Les séquelles post-thérapeutiques sont lourdes. Un tiers environ des patientes porteuses décéderont de leur cancer.

Le dépistage par frottis

Au début du XXe siècle, avant même la découverte de ces virus HPV, Georgios Papanicolaou, anatomopathologiste grec émigré aux États-Unis, met au point une technique de recherche du cancer du col qui deviendra le frottis cervico-utérin. Cette méthode permettra de mettre en place un dépistage basé sur l'examen des cellules cervicales prélevées lors d'un examen gynécologique. Des campagnes de dépistage sont

1. Forman D. *et al.*, «Global burden of human papillomavirus and related diseases», *Vaccine*, novembre 2012, 30 Suppl 5 : F12-23.

mises en œuvre dès les années 1950. Leur efficacité est bonne mais avec le temps cette prévention qui ne touche pas toutes les femmes atteint un plateau. Plus de 40 % des femmes ne sont pas ou pas assez régulièrement dépistées en France. Malgré des campagnes d'information sur le dépistage par frottis en 2010, l'incidence du cancer du col s'est stabilisée et ne diminue plus depuis 1995[1]. Il ne s'agit que d'une prévention secondaire qui, pour éviter le développement de ces cancers, nécessite la réalisation de tests complémentaires (colposcopies, biopsies), puis de traitements au laser ou par conisation (chirurgie du col utérin). Ces traitements peuvent engendrer des complications parfois non négligeables[2].

L'arrivée du vaccin

Dès 1990, plusieurs équipes, américaines et australiennes, ont travaillé sur le développement d'un vaccin contre HPV. Afin d'éviter tout risque infectieux, une protéine de synthèse appelée VLP (Virus Like Particule) est fabriquée et a la capacité de mimer le virus. Ces VLP induisent une production d'anticorps sans risque infectieux puisque sans ADN ni contact à aucun moment avec l'agent infectieux. Les recherches portent

1. https://www.santepubliquefrance.fr/maladies-et-traumatismes/cancers/cancer-du-sein/documents/rapport-synthese/estimations-nationales-de-l-incidence-et-de-la-mortalite-par-cancer-en-france-metropolitaine-entre-1990-et-2018-volume-1-tumeurs-solides-etud

2. Monsonego J., *Traité des infections et pathologies génitales à papillomavirus*, Spinger-Verlag France, 2007.

sur la protection contre les virus à plus haut risque et les plus fréquents. Ainsi, les types 16 et 18, responsables d'environ 82% des cancers, sont ciblés, de même que les 6 et 11, qui sont la cause de 90% des verrues génitales (ou condylomes). Deux vaccins sont initialement testés, l'un (Cervarix®) qui cible les deux souches virales (16 et 18) et l'autre (Gardasil®) quatre (6,11, 16, 18).

Les études de phase II (destinées à confirmer l'efficacité du produit et à calculer la dose optimale) puis de phase III (qui comparent l'efficacité à celle d'un placebo) concernent plus de 25000 patientes avec un suivi de deux à quatre ans pour les études de phase III. L'efficacité est spectaculaire : près de 100% d'efficacité sur les lésions précancéreuses de haut grade et 99% pour les condylomes. La tolérance est bonne avec des réactions locales au point d'injection assez fréquentes et quelques réactions fébriles. Pas d'effets secondaires graves ni, en particulier, de survenue de maladies auto-immunes dans les groupes vaccinés. Un plan de gestion du risque, comme jamais auparavant pour aucun autre vaccin, fut élaboré en population et est toujours en cours.

De très nombreux pays du monde, dès 2006, en association avec le dépistage par frottis, mettent en place des campagnes vaccinales. Initialement, cela ne concerne que les jeunes filles. L'Australie, le Royaume-Uni, les pays nordiques atteignent des couvertures vaccinales élevées (plus de 80%), et les résultats en population sont spectaculaires. Six ans après le début de la vaccination, la prévalence de l'infection HPV est réduite de plus de 85% en Australie et aux États-Unis. En Suède et en

Norvège, la réduction du nombre de dysplasies (états précancéreux) de haut grade atteint 70 à 75% dans les populations vaccinées. L'efficacité sur les condylomes, les lésions précancéreuses vulvaires et vaginales est également démontrée. En 2015 apparaît le vaccin nonavalent (qui comprend neuf sérotypes de l'agent infectieux) : cinq types d'HPV sont ajoutés au quatre déjà présents. Ces souches supplémentaires (31, 33, 45, 52, 58) sont choisies au regard des données de l'épidémiologie mondiale des cancers HPV dépendants. Le vaccin élargit donc la prévention en arrivant à 90% de cancers potentiellement évitables. Plus d'une dizaine d'études montrent que cette évolution du vaccin permet une même efficacité sur les quatre souches initiales, en ajoutant une efficacité sur les nouveaux sérotypes, ce qui n'était pas évident au départ, du fait du risque d'interférence immunologique entre des différents antigènes. Une analyse de la Cochrane Library (bibliothèque de données spécialisée en médecine qui constitue l'une des meilleures sources de données probantes existantes) synthétise 26 essais contrôlés randomisés rassemblant plus de 73000 femmes[1]. Cette analyse met en évidence une réduction du risque de lésions précancéreuses du col de l'utérus liées aux types contenus dans le vaccin qui passe de 164 pour 10000 dans le groupe placebo à 2 pour 10000 dans le groupe des patientes vaccinées.

---

1. Arbyn M. *et al.*, « Prophylactic vaccination against human papillomaviruses to prevent cervical cancer and its precursors », Cochrane Database Syst Rev, mai 2018 ; 9 ; 5 (5) : CD009069.

En 2020, soit quatorze ans après le lancement de la campagne vaccinale, la réduction du nombre de cancers du col de l'utérus en population est démontrée. Une étude suédoise montre que la diminution du risque de cancer du col atteint 88% dans la tranche d'âge des femmes vaccinées. C'est la preuve attendue que le vaccin est efficace sur la prévention du cancer du col. L'hypothèse de départ est confirmée explicitement.

De 1984 à 2020, la science a découvert une nouvelle famille de virus et a prouvé que tous les cancers du col, du vagin, de la vulve, certains cancers de l'anus, de l'oropharynx sont dus à ces agents infectieux. Et, mieux encore, un vaccin est développé et montre son efficacité en population contre le cancer du col. Quel exploit, on rêverait que le même scénario se reproduise pour d'autres cancers. Plus de 400 millions de doses ont été administrées. En Australie, les modélisations mathématiques évoquent la disparition du cancer du col de l'utérus, c'est-à-dire un taux d'incidence de moins de 6 cas pour 100000 femmes à l'horizon des vingt prochaines années[1].

1. Hall M. T. *et al.*, « The projected timeframe until cervical cancer elimination in Australia: a modelling study », *The Lancet Public Health*, 2 october 2018.

La campagne vaccinale en France, la complexité s'installe

Dès 2007, la vaccination est recommandée par le CTV (Comité technique de la vaccination) chez les jeunes filles de 14 ans et « de 15 à 23 ans chez celles qui n'auraient pas eu de rapports sexuels ou au plus tard dans l'année suivant le début de leur vie sexuelle ». La notion de l'activité sexuelle figure dans cette recommandation, ce qui n'est pas le cas dans la plupart des autres pays dont certains installent des campagnes de vaccination en milieu scolaire. En pratique, les praticiens français remarquent qu'à cet âge les jeunes filles consultent souvent avec leurs parents. Outre la sexualisation de la vaccination, la question du début de la vie sexuelle est souvent difficile à aborder en entretien. « On a bien le temps, ma fille n'a pas encore eu de rapports », s'entendent répondre les médecins vaccinateurs. La couverture vaccinale a donc beaucoup de mal à décoller, atteignant à peine 30 % de 2009 à 2012.

Les recommandations vont par la suite se succéder à un rythme soutenu. En 2012, l'âge recommandé va baisser, et la vaccination n'est plus sous-tendue par la notion de l'âge de début de l'activité sexuelle. Ce critère reste toutefois encore présent dans l'esprit du public et de certains professionnels de santé.

On peut se demander pourquoi le choix de la simplicité n'a pas été fait depuis le début, comme cela a été le cas dans la plupart des pays du monde. Cette simplicité est garante de la bonne appropriation du dispositif pas les professionnels de santé[1].

Avec l'évolution des connaissances sur le caractère HPV dépendant des cancers de l'anus et de l'oropharynx dans les deux sexes, les recommandations vont encore changer en 2016 puis en 2017. Le HCSP (Haut Conseil de santé publique) recommande « qu'un accès au vaccin HPV soit proposé dans les CeGIDD (Centre gratuit d'information, de dépistage et de diagnostic des infections par les virus de l'immunodéficience humaine, des hépatites virales et des infections sexuellement transmissibles) et dans les centres de vaccination, aux hommes jusqu'à l'âge de 26 ans (qui est l'âge limite des études de phase III) qui ont eu des relations sexuelles avec un homme (HSH) ». Autant dire que les jeunes homosexuels, pas forcément encore très à l'aise avec leur orientation sexuelle, doivent l'afficher pour être vaccinés dans une structure dédiée... Un peu de réflexion de la part de nos instances sanitaires sur la psychologie de nos jeunes adolescents n'aurait-elle pas été utile ?

Enfin, en 2017, le HCSP recommande que, « dans la population masculine, la vaccination HPV [soit] recommandée jusqu'à l'âge de 26 ans chez les HSH pour réduire leur risque de condylomes et de lésions précancéreuses et cancers anaux », et que « chez les hommes ayant des relations sexuelles avec des hommes, la vaccination soit initiée avec le vaccin nonavalent jusqu'à l'âge

1. Wilson R. J. I. *et al.*, « Vaccine hesitancy among general practitioners in Southern France and their reluctant trust in the health authorities », art. cité.

de 26 ans». Mais à cette date le vaccin n'est toujours pas remboursé pour les garçons, et seulement à 65% pour les filles. Une démarche de remboursement pour tous les garçons du vaccin nonavalent vient cependant d'aboutir au 1er janvier 2021, mais seulement à 65%!

Ces évolutions sont-elles cohérentes? L'analyse des publications est-elle tellement plus pertinente en France que dans les autres pays du monde?

Quoi qu'il en soit, les professionnels se perdent en route, les jeunes filles vierges, puis les CeGIDD pour les garçons puis plus de CeGIDD, et enfin un remboursement partiel et tardif pour les garçons... les médecins se découragent et la couverture vaccinale baisse. L'objectif de l'Inca (Institut national du cancer) de 60% de couverture vaccinale exprimé dans le plan cancer 2014-2019 est très loin d'être atteint.

À l'inverse, il est intéressant d'observer que, à l'arrivée de l'obligation vaccinale début 2018, la confiance vaccinale augmente, la couverture aussi. Il serait logique de penser que cette confiance se limite aux vaccins obligatoires. Mais non. Coïncidence? Effet collatéral? La confiance dans le vaccin HPV augmente aussi à cette occasion alors qu'il est simplement recommandé. Il est très difficile de comprendre les mécanismes psychologiques des patients vaccinés et des professionnels de santé. Toutefois, on peut penser que ces derniers, se sentant soutenus par leurs autorités sanitaires, sont devenus plus convaincants eux-mêmes. Ainsi, la mise en place d'une obligation vaccinale a probablement été à l'origine d'une meilleure cohérence dans le discours, ce qui a joué un rôle dans la confiance des professionnels.

Vaccin HPV et hésitation vaccinale

En 2012, plusieurs polémiques sur la tolérance du vaccin apparaissent. Des syndromes exotiques sont signalés, au Japon par exemple, le syndrome douloureux régional complexe (SDRC), ou, au Danemark, le syndrome de tachycardie orthostatique posturale (STOP). Cela justifie des études de l'OMS qui ne retrouvent aucun signal épidémiologique[1]. En France, comme pour l'hépatite B, des jeunes filles atteintes de syndromes neurologiques survenus dans les semaines ou mois suivant une vaccination HPV s'inquiètent d'un lien éventuel entre cette vaccination et leur maladie. À étudier leurs parcours, on peut penser que le corps médical, ou certains de ses membres en tout cas, a certainement manqué d'empathie, rejetant d'un même geste la maladie et son rapport de cause à effet avec le vaccin. La première mission de tout médecin est la compréhension du patient et la réflexion sur sa maladie, sans idée préconçue. Sans cela, l'inquiétude et la colère du patient, de ses parents sont bien compréhensibles.

Quoi qu'il en soit, ces informations ont suscité un fort mouvement d'opposition à la vaccination HPV. Gérard et Nicole Delépine, couple de médecins cancérologues désormais à la retraite, ont écrit un livre[2] qui reprenait en détail la publication frauduleuse et rétractée de Lars

1. https://www.who.int/vaccine_safety/committee/topics/hpv/June_2017/fr
2. *Hystérie vaccinale*, Fauves Éditions, 2018 (que nous ne citons pas comme référence, au vu de son contenu).

Andersson que nous avons déjà évoquée. Le parcours de Nicole Delépine est marqué par un départ à la retraite avant la fermeture de l'hôpital de Garches où elle exerçait. Ses pratiques étaient alors l'objet de polémiques[1]. Cet ouvrage est une succession de *cherry pickings*, de rappels de scandales passés : hormone de croissance, Monsanto, Vioxx, tout y passe, et bien sûr y est abordé le complot des industriels du vaccin. Nicole Delépine est devenue une militante antimasques et est visée par une plainte au Conseil de l'ordre des médecins pour des propos controversés concernant l'épidémie de coronavirus[2].

Une question demeure : qu'en est-il des maladies neurologiques survenues après une vaccination HPV ? Coïncidence ou causalité ? Des procès sont intentés, et une polémique médiatique explose. Des expertises divergentes ne permettent pas d'affirmer le lien de causalité entre vaccin et encéphalomyélite[3]. Certaines procédures judiciaires sont encore en cours, et nous ne les commenterons pas ici, car aucune vérité juridique n'a été prononcée jusqu'à présent. Toutefois, là encore, comme pour l'hépatite B, la vérité scientifique est là. Des études en population sont publiées. L'une d'elles, réalisée en France à partir des fichiers SNIIRAM (Système national d'information inter-régimes de l'Assurance maladie), sur

1. Source AFP, « Cancer de l'enfant : les méthodes controversées du Dr Delépine de l'hôpital de Garches », *Le Point*, 10 mai 2014.

2. « Qui sont les six médecins visés par une plainte de l'Ordre des médecins ? », *L'Express* avec l'AFP, 22 décembre 2020.

3. Nau J.-Y., « Nouvelle affaire Gardasil : les pièces d'un dossier médico-légal français », *Revue médicale suisse*, 4 décembre 2013.

plus de 2 millions de jeunes filles, prouve qu'il n'y a pas d'association entre la vaccination HPV et le risque de maladies auto-immunes (MAI) ou le risque de maladies neuro-dégénératives. Pourtant une question subsiste sur l'association faible mais statistiquement significative entre l'exposition aux vaccins HPV et le syndrome de Guillain-Barré (SGB). Il s'agit d'une affection rare, souvent post-infectieuse, dans laquelle le système immunitaire du patient attaque les nerfs périphériques[1]. Cette légère augmentation de cas de SGB dans l'étude française déclenchera en 2017 une large étude anglaise indépendante (réalisée par public Health England, l'équivalent de Santé publique France)[2]. Elle écarte un risque d'association entre SGB et vaccin HPV supérieur à 1 pour 1 million de doses. En France, une méta-analyse de 2018 confirme, quant à elle, l'absence de lien entre maladies démyélinisantes et vaccin HPV[3].

Désormais, avec seize ans de recul, la vaccination HPV est efficace contre le cancer infiltrant du col de l'utérus mais aussi sur nombre d'autres maladies : infection HPV, condylomes, états précancéreux du col, entre

1. https://www.who.int/csr/resources/publications/zika/guillain-barre-syndrome/fr

2. Andrews N., Stowe J., Miller E., «No increased risk of Guillain-Barré syndrome after human papillomavirus vaccine: a self-controlled case-series study in England», *Vaccine*, mars 2017, 23; 35 (13) : 1729-1732.

3. Mouchet J., «Human papillomavirus vaccine and demyelinating diseases. A systematic review and meta-analysis», *Pharmacological Research*, juin 2018, 132 : 108-118.

autres. La sécurité de ce vaccin qui a suscité de nombreuses polémiques est maintenant confirmée. La surveillance intensive du produit après son lancement, la pharmacovigilance et de très nombreuses études épidémiologiques ont permis de rassurer le grand public et les professionnels de santé.

L'apparition du vaccin nonavalent devrait optimiser encore les résultats en termes d'efficacité. Dans le monde, de nombreux pays ont atteint des couvertures vaccinales élevées (plus de 85%) avec des résultats en population confirmant l'efficacité de ce vaccin, y compris, depuis 2020, sur le cancer du col.

Pourquoi une telle réticence en France ?

Dans un *Bulletin épidémiologique hebdomadaire* de 2019, Santé publique France s'est intéressée aux déterminants de la couverture vaccinale contre HPV. Une large étude basée sur l'analyse des fichiers de l'assurance maladie a ainsi examiné les données socio-économiques de 1 051 656 jeunes filles concernées par la tranche d'âge de la vaccination entre 2007 et 2016. 367 992 d'entre elles avaient reçu au moins une dose de vaccin. 86% ont été vaccinées par des généralistes, 4% seulement par des pédiatres et 8% par des gynécologues, pendant la période où les recommandations préconisaient une vaccination à partir de 14 ans. Il s'avère que le niveau de vaccination HPV diminue avec le niveau de « désavantage social », c'est-à-dire le taux de bénéficiaires de la CMU-C (couverture maladie universelle complémentaire, aujourd'hui complémentaire santé solidaire), mais aussi selon la commune de résidence. La prévalence de la vaccination est plus faible dans les communes les plus défavorisées, dans l'agglomération parisienne, dans les communes avec un fort taux d'immigration ou avec une faible accessibilité aux soins gynécologiques, avec cependant quelques variations selon les départements. Ces facteurs avaient déjà été décrits dans la littérature[1].

Un autre article, toujours publié par Santé publique France, s'est attaché à analyser l'influence de la perception de la maladie HPV et du vaccin sur le statut vaccinal. Près de 1 000 jeunes femmes et 1 500 parents ont été interrogés. Il en ressort que 15 % environ n'avaient jamais entendu parler du vaccin HPV, surtout les pères. Parmi ceux qui avaient connaissance de ce vaccin, près de 95 % des jeunes filles comme des parents considéraient cette infection comme grave, 76 % de jeunes femmes, 69 % des parents estimaient le vaccin efficace[2], et la vaccination était alors plus fréquente. En revanche, 54 % considéraient que le vaccin pouvait provoquer des effets secondaires graves, et, dans ce groupe,

1. Blondel C., Barret A.-S., Pelat C., Lucas E., Fonteneau L., Lévy-Bruhl D., « Influence des facteurs socioéconomiques sur la vaccination contre les infections à papillomavirus humain chez les adolescentes en France », *Bulletin épidémiologique hebdomadaire* 22-23, 17 septembre 2019, p. 441-449.

2. Verrier F., Gautier A., Quelet S., Bonmarin I. et le groupe Baromètre Santé publique France 2016, « Infections à papillomavirus humain : influence des perceptions de la maladie et du vaccin sur le statut vaccinal », BEH 22-23, 17 septembre 2019, p. 431-440.

le taux de couverture vaccinale était diminué d'environ la moitié. Parmi les non-vaccinées, nombreuses étaient celles à qui le médecin n'avait pas proposé le vaccin (48,4 %). Le niveau d'information sur le vaccin influence donc clairement plus fortement les pratiques que la perception de la maladie. Le fait de percevoir l'infection comme grave n'était pas déterminant dans cette étude[1].

Ces résultats permettent de comprendre les déterminants de la vaccination HPV en France et de proposer des actions d'amélioration.

Les interventions influençant la vaccination HPV

En 2018, une revue de la littérature[2] sur 79 études intéressant 15 pays a montré que le principal facteur influençant la vaccination HPV est la recommandation par le médecin. Ce point a été confirmé par une étude française[3]. Au-delà de cette constatation, de nombreuses méthodes ont été utilisées pour améliorer la confiance dans ce vaccin. On distingue les actions sur la connaissance *via* des campagnes d'information, des brochures,

1. *Ibid.*

2. Newman P. A., Logie C. H., Lacombe-Duncan A., Baiden P., Tepjan S., Rubincam C., Doukas N., Asey, F., « Parents'uptake of human papillomavirus vaccines for their children: a systematic review and meta-analysis of observational studies », *BMJ Open*, 2018, 8 (4).

3. « Vaccination des jeunes enfants : des données pour mieux comprendre l'action publique », *Bulletin épidémiologique hebdomadaire*, hors-série, 19 octobre 2016.

des affiches, des actions sur le comportement, de type rappel par SMS, mail, programmes de formation en ligne, information en milieu scolaire, etc., et les actions sur l'environnement, programmation de la vaccination, programme de vaccination scolaire, amélioration de l'accessibilité financière et géographique du vaccin, entre autres. Les stratégies combinées sont celles qui obtiennent les meilleurs résultats, ce qui n'est pas surprenant.

En Europe, les meilleurs taux de vaccination sont atteints dans les pays qui ont des programmes de vaccination scolaire. Les actions d'information les plus efficaces sont celles qui touchent les professionnels de santé, eux-mêmes vecteurs efficaces de l'information et de la confiance auprès du grand public[1].

On observe ainsi que des pistes sérieuses sont suggérées.

On s'interroge donc sur le fait que ce vaccin ne soit pas remboursé à 100% alors qu'il est recommandé. Quant aux campagnes de prévention, les éléments à mettre en avant sont facilement déduits de ces travaux. Le travail sur l'émotion et l'empathie des patients porteurs de maladies HPV, souvent mal identifiés par le grand public, mais aussi la formation et l'information des professionnels médecins et paramédicaux qui sont souvent par ignorance porteurs d'une certaine défiance

1. Campana V., Cousin L., Terroba C., Alberti C., « Interventions permettant d'augmenter la couverture vaccinale du vaccin contre les papillomavirus humains ? », *Bulletin épidémiologique hebdomadaire* 22-23, 17 septembre 2019, p. 431-440.

de la vaccination en général et de la vaccination HPV en particulier.

On a vu l'efficacité de la vaccination en pharmacie qui améliore considérablement la couverture vaccinale au moment de la campagne antigrippe. Pourquoi ne pas la proposer pour la vaccination HPV ?

Le sujet de la vaccination en milieu scolaire est sensible, mais on pourrait la proposer sans la rendre obligatoire. On pourrait aussi l'associer à l'éducation à la sexualité qui est obligatoire : trois séances par classe au lycée au collège, avec un volet de prévention soulignant le risque des MST[1].

1. https://www.education.gouv.fr/education-la-sexualite-1814

7

Un nouveau défi : la vaccination Covid

Le Sars-CoV-2 ou comment démarre la première grande pandémie du XXIe siècle

En décembre 2019, une épidémie d'allure virale apparaît dans la région de la ville de Wuhan en Chine. Le 9 janvier 2020, les autorités sanitaires chinoises et l'OMS annoncent officiellement la découverte d'un nouveau virus de la famille des coronavirus, nommé Sars-CoV-2. Il est identifié comme l'agent responsable de cette nouvelle maladie infectieuse respiratoire appelée Covid-19 (pour coronavirus disease 2019).

La plupart des coronavirus sont responsables de rhumes sans conséquences. Toutefois, dans cette famille, deux autres agents sont déjà connus pour leur plus forte gravité : le SARS-CoV, responsable de l'épidémie de SRAS[1] (syndrome respiratoire aigu sévère), qui a touché en 2003 8000 personnes et fait plus de 800 morts, et le MERS-CoV[2] (pour coronavirus du syndrome respiratoire

---

1. https://www.pasteur.fr/fr/centre-medical/fiches-maladies/sras
2. https://www.pasteur.fr/fr/centre-medical/fiches-maladies/mers-cov

au Moyen-Orient), autre coronavirus découvert en 2012 en Arabie Saoudite et responsable d'une maladie respiratoire mortelle dans environ 30 % des cas ; 1 219 cas ont été diagnostiqués et ont entraîné 449 décès – quelques rares cas ont été observés en Europe.

Les origines du Sars-CoV-2 font l'objet de vives polémiques. Stéphane Foucart, journaliste au *Monde*, dans une très intéressante enquête[1], retrace l'historique de ce virus. De très nombreuses pistes sont évoquées : vecteur animal, marché de Wuhan, virus échappé d'un laboratoire de virologie... Mais les recherches se déroulent dans un contexte difficile, la Chine ne laissant que peu de marge de manœuvre aux différents enquêteurs. Cette attitude fait bien sûr le lit de nombreuses théories du complot, comme à l'accoutumée dans ce genre de situation. Pour l'instant, à l'heure où nous mettons la dernière main à cet ouvrage, en avril 2021, aucune hypothèse n'a pu être confirmée. Il ne nous reste plus qu'à espérer que l'avenir permettra de comprendre l'émergence du virus afin peut-être d'apprendre de certaines erreurs et de pouvoir se prémunir d'autres virus à venir.

Dès le début de l'épidémie, le séquençage (détermination précise du code génétique du virus) de l'ARN (acide ribonucléique, essentiel dans le transport du message génétique et la synthèse des protéines) du Sars-CoV-2 est très rapidement publié par les autorités chinoises, le 12 janvier 2020. Il s'agit d'un virus à ARN

1. Foucart S., « Les silences de la Chine, un virus repéré dès 2013, la fausse piste du pangolin... Enquête sur les origines du Sars-CoV-2 », *Le Monde*, 22 décembre 2020.

simple brin de 30000 bases, ce qui est très long. L'ARN est un polymère constitué d'une chaîne d'acides nucléiques (ou « bases ») souvent en simple brin, contrairement à l'ADN habituellement en double brin. Cette configuration chimique un peu différente le rend plus fragile ; c'est pour cette raison que les mutations sont plus fréquentes chez les virus à ARN. Cette particularité lui donne la possibilité de muter (c'est-à-dire de modifier son code génétique) fréquemment. Il lui est donc possible d'acquérir de nouvelles propriétés, comme on l'a vu depuis le début de l'épidémie[1].

L'infection peut être asymptomatique pour 30 à 50 % des sujets infectés, surtout chez les enfants de moins de 12 ans. Les premiers symptômes sont atypiques : céphalées, fièvre, douleurs musculaires ; puis surviennent les symptômes respiratoires qui font la gravité de la maladie. La perte de l'odorat et du goût, signes plus caractéristiques, ne sont présents que dans 30 à 40 % des cas chez les adultes infectés.

De très nombreux symptômes non respiratoires sont également décrits. On peut citer les phénomènes de thrombose (appelés parfois « caillots » dans la presse grand public). Il s'agit d'obstructions vasculaires effectivement dues à des caillots qui entraînent des phénomènes graves. On peut citer des cas d'accidents vasculaires cérébraux (AVC), de phlébites de localisations diverses, d'embolies pulmonaires, par exemple, mais d'autres

1. Makin S., « How coronavirus cause infection – from colds to deadly pneumonia », *Scientific American*, 5 février 2020.

organes peuvent également être touchés, comme le cerveau, le rein ou l'appareil digestif[1].

20% des patients sont hospitalisés, 5% sont admis en réanimation. Le taux de mortalité est difficile à calculer. L'OMS utilise deux indicateurs[2] pour évaluer le pourcentage de personnes infectées ayant succombé à la maladie : le ratio de létalité réel (IFR – Infection Fatality Rate) estime la proportion de décès parmi l'ensemble des personnes infectées, et le ratio de létalité apparent (CFR – Case Fatality Rate) sert à estimer la proportion de décès parmi les cas confirmés. Ce dernier taux peut varier selon le pays – de moins de 0,1% à plus de 25%. L'écart s'explique par le nombre de cas diagnostiqués variant selon le nombre de dépistages réalisés, les caractéristiques démographiques de la population, la prévalence des facteurs de risque d'aggravation dans la population. Le chiffre habituellement retenu est de l'ordre de 2%. Au 30 mars 2021, plus de 2,8 millions de personnes sont décédées du Covid-19 dans le monde, dont près de 95000 en France.

La pandémie que nous connaissons se développe ensuite en bouleversant nos modes de vie. La transmission se faisant par voie aérienne, des stratégies de prévention sont mises en place partout dans le monde et associent des mesures de confinement, de protection

1. Kwon D., «From headaches to "Covid toes". Coronavirus Symptoms Are a Bizarre Mix», *Scientific American*, 18 mai 2020.

2. https://apps.who.int/iris/bitstream/handle/10665/333842/WHO-2019-nCoV-Sci_Brief-Mortality-2020.1-fre.pdf

individuelle, de dépistage à l'aide de différentes méthodes dont le test RT-PCR (Reverse Transcriptase-Polymerase Chain Reaction) qui recherche l'ARN viral dans le pharynx. Les conséquences sur la vie quotidienne des individus du monde entier sont majeures, notamment pour l'économie gravement touchée par ces nombreuses conséquences, et il est envisageable que, à moyen ou long terme, elles seront également psychiques et psychologiques.

Vaccination Covid : la recherche en marche

Dès l'apparition du virus, la course aux vaccins est lancée. Les contraintes sociales induites par l'épidémie ajoutent encore une pression supplémentaire aux chercheurs. Des travaux sur des vaccins contre les coronavirus du SARS et du MERS ont déjà été publiés mais sont restés lettres mortes après la disparition des épidémies. La cible de tous les candidats vaccins sera la même, la protéine S (pour Spike) utilisée par le virus pour se fixer à la cellule humaine qu'il va infecter. L'identification de cette cible a été très rapide et recueille un consensus dans le monde de la recherche. En comparaison, la recherche pour le vaccin contre les oreillons a mis quatre ans avant d'aboutir, pour la varicelle il en a fallu trente-quatre, et, quarante ans après la découverte du virus du sida, il n'y a toujours pas de vaccin alors que de nombreuses équipes travaillent toujours sur ce sujet.

Des projets sont lancés dans toutes les directions. Plusieurs « plateformes » (technologies vaccinales) font l'objet de recherches : des vaccins à virus atténués ou inactivés, des protéines recombinantes, des vaccins à vecteurs viraux et d'autres utilisant des techniques encore jamais utilisées chez l'homme comme les vaccins à ARN et à ADN.

Au mois d'octobre 2020, plus de deux cents candidats vaccins sont déjà en lice[1]. Les chinois Sinovac et Sinopharm testent des virus inactivés. L'université d'Oxford/AstraZeneca, l'institut de biotechnologie de Pékin/Can/Sino Biological, l'institut de recherche russe Gamaleya et le laboratoire Janssen (Johnson & Johnson) travaillent sur un vecteur viral non répliquant – cette technique consiste à utiliser un virus non pathogène dont on a remplacé le génome par celui de la protéine S. Une fois intégré dans les cellules humaines, celles-ci vont fabriquer cette protéine. Une réaction immunitaire va alors apparaître et permettre de neutraliser le virus Sars-CoV-2.

Novavax et Sanofi travaillent, quant à eux, sur une plateforme de ce type sous unité protéique recombinante. Mais pour l'instant les résultats ne sont pas à la hauteur des attentes.

La technique des vaccins à ARNm (ARN messager) sera, quant à elle, développée par Moderna en association avec le NIAID (Institut américain des maladies allergiques et infectieuses) et par le trio BioNTech/Pfizer et Fosun, énorme conglomérat industriel chinois.

1. Mangin L., «Le point sur les vaccins», *Pour la science*, 1er octobre 2020.

Cette technologie à ARNm fait l'objet de recherche depuis plus de vingt ans sans qu'aucun projet n'ait encore abouti à une mise sur le marché. Pour le SRAS et le MERS notamment, la disparition de l'épidémie avait éteint les recherches devenues inutiles.

L'idée est d'utiliser la machinerie cellulaire de l'hôte (l'individu recevant le vaccin). L'ARNm placé dans la cellule va pouvoir induire la fabrication de l'antigène recherché (la protéine S). Celle-ci, comme dans les autres modèles, déclenchera l'immunisation recherchée. L'ARNm est habituellement utilisé par le noyau de la cellule qui l'utilise comme messager pour envoyer un ordre de fabrication à cette machinerie cellulaire.

Pour faire pénétrer l'ARNm dans la cellule, le vaccin utilise des « nanoparticules », objets de tous les fantasmes, nous y reviendrons. Il s'agit de petites particules lipidiques qui protègent l'ARNm fragile et lui permettent d'atteindre le cytoplasme – partie de la cellule qui entoure le noyau – de la cellule. La fragilité de l'ensemble représente un inconvénient car elle exige une conservation à très basse température, de – 20 à – 80 °C, ce qui complique la logistique de distribution de ces vaccins.

Cette plateforme vaccinale est toutefois plus simple que les autres, la production de vaccins faisant appel à des techniques biochimiques sans avoir besoin de cultures cellulaires, comme pour les vaccins inactivés ou à vecteur viral. Le développement et la fabrication de ces vaccins sont plus faciles[1], ce qui explique que les

1. Mangin L., « Les secrets du vaccin à ARN de Pfizer et Moderna », *Pour la science*, 10 novembre 2020.

premiers vaccins sur le marché appartiennent surtout à cette plateforme vaccinale à ARNm.

Les études de phase 3 ou « études pivots » sont publiées rapidement. Celle de Pfizer/BioNtech, publiée en décembre, randomise 43 448 personnes dont la moitié reçoit le vaccin et l'autre moitié un placebo[1]. Une efficacité de plus de 90 % est annoncée avec des effets secondaires sans surprise : céphalées, fatigue, douleur au point d'injection. L'histoire de BioNtech et de ses fondateurs, le couple de biologistes Özlem Türeci et Ugur Sahin, immigrés de seconde génération d'origine turque, est une vraie success story. Travaillant sur un vaccin contre la grippe utilisant la technique ARNm, ils ont l'intuition de l'importance de l'épidémie à venir et développent en urgence un vaccin contre le Covid-19[2]. Avec le soutien de Pfizer, la recherche avance très vite. Moderna, pilotée par le Français Stéphane Bancel, se lance sans toutefois avoir le soutien de capitaux privés ; c'est Anthony Fauci, immunologue américain et directeur de l'Institut national des allergies et maladies infectieuses, qui leur vient en soutien au nom du département américain de la Santé[3].

1. Polack F. P. *et al.*, « Safety and Efficacy of the BNT162b2 mRNA Covid-19 Vaccine », *The New England Journal of Medicine*, 10 décembre 2020.

2. Isaacson W., « The race to save the world », *Time*, 18-25 janvier 2021.

3. *Ibid.*

La peur de la nouveauté agrège les fausses informations

Comme pour toute nouvelle technologie, les *fake news* abondent et attisent les craintes. Les vaccins à ARNm sont particulièrement ciblés, car l'utilisation d'acides nucléiques (ADN, ARN) renvoie à la génétique et aux potentielles « manipulations » de l'ADN. L'ARNm utilisé dans les vaccins est fabriqué en laboratoire, et aucune particule virale n'est en contact avec le vaccin, ce qui est un gage de sécurité. En effet, aucun autre antigène d'origine virale et risquant d'induire des effets secondaires n'est présent dans le produit injecté.

La crainte concernant un « organisme génétiquement modifié » plane autour du vaccin dès que l'on parle d'ADN ou d'ARNm. Certains parlent même de thérapie génique. Le point commun est effectivement l'utilisation d'acides nucléiques, mais la comparaison s'arrête là. En fait, les thérapies géniques permettent de réparer l'ADN des cellules dans leurs noyaux. L'ARNm, en revanche, est un simple support génétique très labile qui induit la fabrication d'une protéine puis disparaît très rapidement. Il n'a pas la capacité de rentrer dans le noyau de la cellule et de modifier les gènes présents sur les chromosomes. Seuls les rétrovirus comme le VIH possèdent la capacité de transformer l'ARN en ADN à l'aide d'une enzyme (outil biochimique) appelé transcriptase inverse. Les fragments de rétrovirus endogènes fossiles intégrés à notre génome n'ont pas cette capacité. Il n'y a donc pas de possibilité que l'ARN des vaccins puisse être transcrit en ADN puis pénètre dans le noyau[1]. De même pour l'ADN, s'il existe des techniques permettant l'intégration de certains fragments dans le génome, elles sont totalement différentes de celles utilisées pour la vaccination. Pour les vaccins, on utilise des «plasmides» (ADN sous forme circulaire) qui n'ont pas la capacité de s'intégrer à l'ADN chromosomique. Dans un article du «Canal Détox» de l'INSERM[2], les affirmations du Pr Christian Perronne, infectiologue, ancien président de la commission spécialisée sur les maladies transmissibles du HCSP (Haut Conseil de la santé publique), sont démenties notamment par le Pr Jean-Daniel Lelièvre, médecin, responsable de la recherche clinique au sein du Vaccine Research Institute; interrogé par les «Décodeurs» du journal *Le Monde*, il utilise une métaphore signifiante : «C'est un peu comme dire qu'un enfant peut donner naissance à sa mère On ne peut pas revenir en arrière[3].»

Bien entendu, des questions restent pour l'instant sans réponses; la durée d'efficacité qui est déjà de plusieurs mois ne sera connue définitivement qu'ultérieurement. De même, l'apparition de variants peut modifier l'efficacité d'un vaccin. Ce phénomène est connu pour beaucoup d'autres agents immunisants, il faudra d'autres études encore pour appréhender tout cela. Elles sont déjà en cours; on peut d'ailleurs prévoir qu'à la vitesse actuelle

1. https://www.infectiologie.com/UserFiles/File/groupe-prevention/covid-19/vaccins-covid-19-questions-et-reponses-spilf.pdf

2. «Les vaccins à ARNm susceptibles de modifier notre génome, vraiment ?», Inserm, «Canal Détox», 14 décembre 2020.

3. «Les vaccins à ARN messager ne modifient pas l'ADN de nos cellules», *Le Monde*, «Les Décodeurs», 15 décembre 2020.

des recherches ces questions trouveront des réponses rapidement.

Vaccin Covid, nanoparticules toxiques, 5G, traçage sous-cutané, injection de puces électroniques… d'où viennent ces rumeurs ?

Les « nanotechnologies » renvoient à un ouvrage de science-fiction célèbre, *La Proie*, écrit en 2002 par l'auteur de *Jurassic Park*, Michael Crichton[1]. Dans ce roman, des nanorobots autonomes se multiplient à grande vitesse pour former une « gelée grise » qui dévore tout sur son passage. De véritables études scientifiques ont effectivement eu lieu sur ce thème au début des années 2000, mais elles se sont heurtées à des difficultés rédhibitoires selon leurs propres concepteurs[2] ; par exemple, leur propulsion n'est pour l'instant pas possible, et on ne sait pas contrôler le déplacement de particules aussi petites.

Les nanoparticules des vaccins à ARN sont de simples petites particules de lipides qui protègent l'ARN présent dans le vaccin. Rien à voir donc avec les nanoparticules provenant de combustions (moteurs diesel, feux de forêt, fumées volcaniques)[3] ou de dioxyde de titane qui

1. Crichton M., *La Proie*, Robert Laffont, 2003.

2. « Les nanorobots imaginés par la science-fiction sont-ils réalisables ? », *Science & Vie*, 3 décembre 2010 (mis à jour le 19 novembre 2018).

3. Maad A., « Nanoparticules et vaccins contre le Covid-19 : cinq questions pour démêler le vrai du faux », *Le Monde*, 11 décembre 2020.

peuvent être présentes dans certains produits cosmétiques[1]. La toxicité de ces dernières est, elle, avérée, mais il s'agit d'un autre sujet.

Peut-on utiliser des nanoparticules pour le traçage, c'est-à-dire peut-on suivre à son insu la vie quotidienne d'un individu à l'aide de ces particules ? Cette rumeur est née après la publication d'une étude du MIT[2] (Massachusetts Institute of Technology) à propos de nanoparticules injectables sous la peau émettant une lumière fluorescente qui pourraient être utilisées dans les pays ne disposant pas d'un système de carnet de vaccination. Cette fluorescence pourrait être lue par une caméra de smartphone et constituer ainsi une sorte de carnet de vaccination intégré physiquement à l'individu. La technique est plus proche du marquage au feutre indélébile que des nanorobots de Michael Crichton. Ce projet a été financé en partie par la Fondation Bill-et-Melinda-Gates mais n'a rien à voir avec une « puce » électronique qui serait injectée dans le corps humain ni avec le vaccin Covid. Il n'y a pas non plus de point commun avec la 5G – cette technologie fait l'objet d'une *fake new* au Royaume-Uni et aux États-Unis où on l'accuse d'avoir déclenché l'épidémie de Covid-19 sans aucun fondement scientifique[3].

1. « Nanoparticules dissimulées : 9 plaintes de l'UFC-Que Choisir contre des fabricants de produits alimentaires et de cosmétiques », *Que Choisir*, 23 janvier 2018.
2. « Un carnet de vaccination invisible sous la peau ? », *Science et Avenir* avec l'AFP, 18 décembre 2019.
3. « Des ondes 5G responsables de la pandémie de Covid-19, vraiment ? », Inserm, « Canal Détox », 15 avril 2020.

Ces nanoparticules ont donné lieu à quantité de messages de désinformation sur les réseaux sociaux. Dans le cadre de la régulation des plateformes, Facebook a été accusé d'interdire l'utilisation du terme « nanoparticule ». Cette information a été relayée en France par BFM TV. Dans les faits, il s'agissait simplement de « supprimer les fausses allégations selon lesquelles les vaccins Covid contiennent des micropuces ou tout autre élément ne figurant pas sur la liste officielle des composants des vaccins[1] ».

Les limites des études pivots et des validations par les agences sanitaires

Avant même la fin des études de phase 3, le vaccin CanSino est utilisé dans l'armée chinoise ; Spoutnik V, vaccin de l'Institut Gamaleya, est lui aussi utilisé avant la fin des essais cliniques chez des volontaires russes.

La FDA (Food and Drug Administration) et l'EMA (European Medicines Agency – l'Agence européenne des médicaments) ont effectivement mis en place des processus accélérés de vérification des vaccins. De nouvelles procédures ont été utilisées. Citons par exemple la *rolling review*[2]. Il s'agit d'une méthode qui consiste à analyser les données des laboratoires toutes les deux

---

1. Maad A., « Nanoparticules et vaccins contre le Covid-19 : cinq questions pour démêler le vrai du faux », art. cité.

2. https://www.ansm.sante.fr/Dossiers/COVID-19-Vaccins/Vaccins-autorises/(offset)/3

semaines, au fil de l'eau, sans attendre la publication finale des résultats. Cette procédure permet, sans entorse à la rigueur scientifique, d'obtenir une analyse plus rapide des études cliniques par les autorités sanitaires.

L'historique du vaccin Oxford AstraZeneca est un peu différent de celle des vaccins à ARN. L'équipe de Sarah Gilbert, chef de projet vaccinal au prestigieux Jenner Institute d'Oxford, travaille sur un vaccin contre la fièvre hémorragique Ebola depuis 2014. L'idée de cette plateforme vaccinale est d'utiliser un virus sans danger qui transportera le fragment d'ARN du virus Sars-CoV-2 pour induire la fabrication de la protéine antigénique recherchée. La technique a déjà été utilisée pour le vaccin Ebola de Merck, notamment. Les travaux avancent rapidement, et, après des contacts avancés avec Merck-MSD, un partenariat est finalement signé avec AstraZeneca. Cette firme anglo-suédoise est plus orientée vers le médicament que vers les vaccins, mais son siège est installé au Royaume-Uni, comme l'Institut Jenner d'Oxford. De plus, elle aurait proposé des royalties plus importantes au laboratoire d'Oxford[1] qui serait ainsi mieux rémunéré par AstraZeneca.

L'étude pivot[2] est marquée par des difficultés. Un patient est atteint de myélite transverse, maladie neurologique

1. Aeberhardt C. *et al.*, « Le vaccin Oxford AstraZeneca : une aventure scientifique marquée par les controverses », *Le Monde*, 30 janvier 2021.

2. Voysey M. *et al.*, « Safety and efficacy of the ChAdOx1 nCov-19 vaccine (AZD1222) against Sars-CoV-2 : an interim analysis of four randomised controlled trials in Brazil, South Africa, and the UK », The Lancet, 9 janvier 2021.

grave. L'étude est arrêtée; elle reprendra au bout de quelques jours, le lien entre la vaccination et cette maladie n'étant pas établi. Aux États-Unis, en revanche, le programme est gelé pendant six semaines, et les résultats définitifs ne prendront pas en compte les données américaines. Plus surprenant, l'injection d'une demi-dose à un millier de volontaires, suivie d'une pleine dose quelques semaines plus tard, complique l'analyse des données de l'étude. Ce « cafouillage » peut sembler surprenant dans une étude de ce niveau.

Mais, surtout, il y a très peu de personnes âgées dans les cohortes de l'étude, ce qui va aboutir à une recommandation spécifique excluant les personnes âgées; le vaccin n'ayant pas été testé dans cette population, les autorités sanitaires préfèrent exiger des études complémentaires. En attendant, les personnes âgées recevront de préférence un autre vaccin. Heureusement, compte tenu des données en population, notamment en Écosse, la Haute Autorité de santé recommande en mars 2021[1] ce vaccin pour les personnes de plus de 65 ans. Les résultats en population sont en effet très rassurants, et l'efficacité n'est plus à mettre en doute. L'effet produit sur la population et sur les professionnels de santé est malgré tout délétère[2]. La confiance vaccinale a du mal à

1. « SEESP du 1er mars 2021 du collège de la Haute Autorité de santé sur l'efficacité du vaccin AstraZeneca chez les personnes âgées au vu des données préliminaires soumises au BMJ sur l'impact de la vaccination en Écosse sur les hospitalisations », Avis et décision de la Haute Autorité de santé, avis n° 2021.0008, 2 mars 2021.

2. Marchand L., « Covid : le vaccin AstraZeneca souffre d'un déficit d'image admet le gouvernement », *Les Échos*, 23 février 2021.

s'accommoder de ces approximations et d'une communication fébrile.

La pharmacovigilance a également abouti à une suspension de l'administration des doses de ce même vaccin au mois de mars 2021[1]. Des thromboses ont été observées parmi des patients vaccinés avec le vaccin AstraZeneca. Le laboratoire signale, le 8 mars, 15 cas de phlébite et 22 cas d'embolie pulmonaire parmi 17 millions de personnes vaccinées. L'European Medicines Agency en rapporte 30 parmi 5 millions d'Européens vaccinés, et l'Allemagne déclare 7 cas de thromboses cérébrales. Les effectifs sont très faibles, et des événements de ce type avaient été signalés dans les études pivots. Aucune différence significative n'était signalée entre le groupe vacciné et le groupe placebo. Après quelques jours de suspension, le vaccin AstraZeneca est réhabilité par l'Agence européenne des médicaments, et les campagnes vaccinales reprennent.

Une inquiétude est bien sûr née à l'occasion de la publication de ces informations. Cependant, on peut proposer une lecture différente. Quel vaccin, quel médicament dans le passé a été l'objet d'une pharmacovigilance permettant d'identifier un signal de quelques dizaines d'événements parmi plusieurs millions de doses dispensées ? Bien sûr, l'effet psychologique sur la confiance vaccinale est désastreux, mais il faut souligner que c'est la rançon de la qualité du travail scientifique. Négliger ces

1. Gautheret J. *et al.*, « Les uns après les autres les pays européens suspendent le vaccin d'AstraZeneca "par précaution" », *Le Monde*, 16 mars 2021.

cas n'aurait-il pas été perçu et vécu comme une faute grave de l'industrie et des instances sanitaires ? En d'autres termes, le mieux est-il l'ennemi du bien ? La réponse à ces questions dépasse le périmètre du travail scientifique. L'effet psychologique sur les hésitants à la vaccination n'aurait-il pas été plus négatif encore si les autorités sanitaires avaient fermé les yeux avant que l'information ne sorte d'une manière ou d'une autre, ce qui se serait produit, quoi qu'il arrive, à plus ou moins long terme ?

La rigueur souvent contestée des études cliniques est au rendez-vous ; leur évaluation par les agences sanitaires aussi. Ce constat est rassurant, surtout quand on sait qu'en octobre 2020, lors de la campagne électorale américaine, le président de l'époque, Donald Trump[1], avait essayé de faire pression sur la FDA pour accélérer et simplifier ces procédures. Cela confirme bien la dimension politique de cette vaccination qui est un aussi un véritable enjeu électoral.

Des investissements inédits objets de théories du complot

De très gros moyens humains sont mobilisés depuis le début de la crise du Covid-19. La mise au point de différents vaccins s'est faite en un an à peine. Le développement d'un nouveau candidat vaccin nécessite

1. « Vaccins contre le Covid : la FDA publie des critères plus stricts et provoque l'ire de Trump », *Les Échos*, 7 octobre 2020.

environ un milliard d'euros selon *Les Échos*[1]. Ce financement comporte un volet lié à la mise au point du produit et aux études cliniques. Mais le financement repose aussi sur des précommandes qui permettent aux industriels de partager le risque financier[2]. Les États-Unis se lancent très tôt en mettant en place dès la fin du mois d'avril 2020 l'opération Warp Speed, littéralement «vitesse de l'éclair» (ce terme repris dans des ouvrages de science-fiction – là encore, le lien avec ce domaine littéraire est bien présent – peut même signifier également «plus rapide que la lumière»). Six laboratoires vont bénéficier de cette stratégie : Johnson & Johnson dès le mois de mars 2020 reçoit 450 millions de dollars auxquels est ajouté 1 milliard pour 100 millions de doses en précommande; Pfizer/BioNtech reçoit 2 milliards pour le même nombre de doses tandis que Moderna reçoit 2,5 milliards de dollars pour financer les essais cliniques et produire 100 millions de doses – un engagement record pour un seul laboratoire sur un nouveau vaccin; 1,6 milliard de dollars a été accordé à la biotech Novavax contre 100 millions de doses; 1,2 milliard à AstraZeneca/Oxford pour 300 millions de doses réservées; Sanofi, entreprise française, associé à GSK (GlaxoSmithKline), multinationale britannique, a reçu 2 milliards de dollars pour 100 millions de doses.

1. Mastrandreas S. «5 chiffres fous sur le financement des vaccins», *Les Échos*, 28 novembre 2020.

2. Benkimoun P. *et al.*, «À la recherche du vaccin contre le Covid-19 : la course acharnée entre les laboratoires et les États», *Le Monde*, 24 juin 2020.

L'opération Warp Speed comprend aussi un volet logistique. C'est le général Gustave F. Perna, ex-commandant de l'United States Army Materiel Command, qui en est le directeur d'exploitation. On mesure ici la volonté américaine de disposer d'un vaccin.

L'Union européenne n'a, quant à elle, financé aucun projet de recherche mais a passé des précommandes pour un montant de 2 milliards d'euros à la fin du mois de novembre 2020. De nombreux autres États ont également investi, tels le Canada et le Royaume-Uni notamment. Des contributeurs comme Nestlé, des banques et même le réseau TikTok se sont aussi mobilisés.

D'autres acteurs prennent aussi place sur ce marché. La CEPI (Coalition for Epidemic Preparedness Innovations), par exemple, est une association qui finance des projets de recherche indépendants pour les innovations en matière de préparation aux épidémies. Constituée d'une dizaine d'États et de diverses fondations dont celle de Bill et Melinda Gates, elle est basée en Norvège. En 2017, la CEPI soutient le développement d'un vaccin contre le virus Ebola, grave mais peu fréquent, c'est-à-dire une pathologie pour laquelle il y a un besoin réel, mais pas de marché[1]. Quand survient l'épidémie de Covid-19, elle finance neuf projets de recherche sur le vaccin contre le Sars-CoV-2 à hauteur de 1,3 milliard de dollars.

1. Benz S., « Qu'est-ce que la CEPI, la coalition qui s'active pour éradiquer le coronavirus », *L'Express*, 4 février 2020.

La Fondation Bill-et-Melinda-Gates, objet de toutes les rumeurs

Outre la CEPI, la fondation de Bill et Melinda Gates subventionne directement l'OMS à hauteur de 194 millions de dollars en 2019, ce qui en fait le second contributeur mondial[1]. Cette fondation œuvre également à l'alliance Gavi (Global Alliance for Vaccines and Immunization). Cette organisation, créée en 2000, rassemble des partenaires comme l'OMS, l'UNICEF, la Banque mondiale et certains donateurs privés parmi lesquels des laboratoires de l'industrie du vaccin. La Gavi travaille sur des programmes d'accès à la vaccination dans les pays pauvres au moyen du projet COVAX. Les objectifs se résument en deux missions : soutenir l'accès à la vaccination dans quatre-vingt-douze pays les plus faibles économiquement et partager les vaccins disponibles au sein de cent quatre-vingt-neuf autres capables d'autofinancer l'achat des vaccins[2]. Son budget et le nombre de ses partenaires fait de la Gavi un interlocuteur majeur sur le plan de la vaccination et de la santé publique dans le monde.

Selon le *New York Times*[3], Bill Gates a contribué à la création d'un nouveau modèle économique en associant

1. Maad A. *et al.*, « Il aurait financé la pandémie, planifié la vaccination... Ce que vous avez lu sur Bill Gates est-il vrai ? », *Le Monde*, 23 juin 2020.

2. Moreira E. *et al.*, « Covid : "La plupart des pays n'ont pas réussi à briser la chaîne de transmission du virus" », *Les Échos*, 11 décembre 2020.

3. Twohey M. et Kulish N., « Bill Gates, la Covid-19 et le combat pour vacciner la planète », *The New York Times*, 25 novembre 2020.

subventions, garantie de financement et expertise technocratique. Ses relations initialement tendues avec l'OMS se sont apaisées.

Bill Gates est en désaccord avec les pays qui demandent de ne pas appliquer les droits de propriété intellectuelle en lien avec les vaccins contre le coronavirus, mais il contribue toutefois à la distribution gratuite de vaccins financés par les diverses actions soutenues par sa fondation.

Son influence sur les stratégies sanitaires mondiales peut paraître inquiétante[1]. Christian Perronne, que nous avons déjà évoqué, affirme même dans un entretien à Sud Radio : « L'OMS appartient à Bill Gates maintenant, c'est de notoriété publique. » Assimiler l'OMS à la propriété d'un seul homme, aussi puissant soit-il, paraît hasardeux. En effet, il s'agit d'une instance supranationale aux statuts juridiques répondant à une Constitution propre. En outre, le milliardaire représente 25 % du budget de l'OMS, ce qui est considérable mais reste minoritaire. Ne faut-il pas plutôt pousser l'analyse jusqu'au bout et se demander si l'influence d'opérateurs privés n'est pas révélatrice du désengagement des États ? On se souvient en effet que les États-Unis ont, en pleine pandémie, suspendu leur contribution au budget de l'OMS.

Quoi qu'il en soit, les rumeurs les plus folles circulent au sujet du fondateur de Microsoft. Il aurait prédit l'épidémie actuelle de Covid, voire créé lui-même le virus.

1. Kauffmann S., « La puissance de la Fondation Gates est en creux un révélateur des carences des États », *Le Monde*, 27 mai 2020.

En 2015, Bill Gates, lors d'une conférence TED[1], craignait une pandémie à venir. Il souligne alors l'état d'impréparation du monde en s'appuyant sur l'exemple de la précédente crise sanitaire d'Ebola. En 2019, sa fondation organise, en partenariat avec le Centre pour la sécurité sanitaire de l'École de santé publique Bloomberg de l'université Johns-Hopkins à Baltimore, un exercice de « simulation de pandémie fictive de coronavirus », ouvrant ainsi une réflexion sur la préparation d'une crise éventuelle[2]. La pertinence de la réflexion peut *a posteriori* être saluée, et ce n'est d'ailleurs pas la première fois que le personnage fait preuve d'intuition géniale...

On reproche également à Bill Gates d'être responsable de l'épidémie et même d'avoir inventé le virus. Il est effectivement un actionnaire et cofondateur de la société Pirbright, institut de recherches britannique. En 2015, Pirbright, en cherchant un traitement pour la bronchite aviaire, dépose un brevet sur une forme affaiblie du coronavirus, sans rapport avec le Sars-CoV-2 ni avec l'épidémie que nous connaissons[3].

Parmi toutes ces rumeurs, citons aussi la volonté supposée du personnage de réduire la population mondiale. Sa fondation finance des actions de type planning familial dans le but de favoriser l'accès à la contraception

---

1. https://www.ted.com/talks/bill_gates_the_next_outbreak_we_re_not_ready ? language=fr

2. Maad A., « Coronavirus : Bill Gates ciblé par des rumeurs et infox complotistes », *Le Monde*, 5 février 2020.

3. Moullot P., « Bill Gates au cœur des théories du complot », *Libération*, 20 mai 2020.

dans les pays les plus pauvres. Rien à voir donc avec le vaccin mais, comme l'écrit Jocelyn Raude[1], sociologue à l'EHESP, Bill Gates, philanthrope richissime, « incarne le prototype du grand argentier qui pourrait contribuer à une espèce de "gouvernement fantôme". Et c'est ce que l'on trouve dans les théories du complot, des hommes très puissants qui agissent en sous-main sur les affaires du monde ». Comme souvent les conspirationnistes brodent autour de faits réels, et en écartant l'incertitude du réel se rassurent autour de théories qu'ils maîtrisent.

La désinformation antivax est-elle supplantée par le mouvement antimasques ?

L'épidémie de Covid-19 a institué les « gestes barrières » visant à éviter les contaminations, faute de moyens de prévention vaccinale à ses débuts ou de traitement médicamenteux efficace. La tolérance sociale à ces mesures atteint ses limites, d'autant que l'épidémie se prolonge sans qu'il soit possible de préciser la date de fin du phénomène. L'émergence de mouvements contestant l'obligation du port du masque est observée dans plusieurs pays. Quels sont les points communs entre ces militants et les antivax ?

Deux études réalisées par Antoine Bristielle de la Fondation Jean-Jaurès nous éclairent. On observe plusieurs

1. Maad A., « Coronavirus : Bill Gates ciblé par des rumeurs et infox complotistes », art. cité.

points communs entre antivax[1] et antimasques[2]. Même rejet des institutions politiques, même profil social avec un niveau d'études relativement élevé, bac + 2 en moyenne. Toutefois, les antimasques, avec une moyenne d'environ 50 ans, sont plus âgés que les antivax. Parmi ceux qui refusent le port du masque, plus de 90 % pensent que le ministère de l'Intérieur est complice de Big Pharma pour nier la nocivité des vaccins. Plus généralement, les théories conspirationnistes sont très présentes dans les propos des détracteurs. Une très forte sensibilité aux théories du complot est observée chez ces militants qui adhèrent aussi à des théories libertariennes. Parmi les antimasques identifiés sur divers groupes Facebook, 87 % pensent que « la société fonctionne mieux lorsqu'elle laisse les individus prendre la responsabilité de leur propre vie ». Ils utilisent largement les réseaux sociaux alors que leur confiance dans les médias classiques est faible : 2 % de confiance pour les informations télévisées, 14 % pour la presse écrite ! Et, surtout, 94 % des antimasques affirment refuser la vaccination contre le Covid-19[3].

Aux États-Unis, il existe une convergence entre le mouvement antimasques et les complotistes de QAnon, renforcée par l'ancien président Donald Trump[4], convaincu lui aussi de l'inutilité du port du masque.

---

1. Bristielle A., « Vaccins : la piqûre de défiance », Fondation Jean-Jaurès, 17 novembre 2020.

2. *Id.*, « "Bas les masques !" : sociologie des militants antimasques », Fondation Jean-Jaurès, 7 septembre 2020.

3. *Id.*, *ibid.*

4. Moghaddam F. *et al.*, « Covid-19 : les anti-masques au grand jour, des États-Unis à la France », France Culture, 12 septembre 2020.

Le mouvement est plus marginal en France puisque près des trois quarts des Français approuvent le port du masque. Mais la progression des idées libertariennes se confirme, au moins sur les réseaux sociaux. Reste à savoir ce qui adviendra quand une fraction importante de la population sera vaccinée et pourra peut-être prétendre à ne plus porter de masque…

Le succès des campagnes vaccinales

Les premiers vaccins contre le Covid-19 ont été administrés à travers le monde à partir de décembre 2020, et les premiers résultats commencent à être publiés.

En Israël, le 30 mars 2021, plus de 114 doses pour 100 habitants ont été délivrées, ce qui est proche du niveau de couverture vaccinale attendue pour obtenir une immunité collective. Les modèles statistiques considèrent que l'immunité collective est acquise à partir de 120 doses pour 100 habitants. Le nombre de doses administrées rapporté à la taille de la population permet de comparer les progrès des campagnes de vaccination mondiales. Une étude[1] sur le devenir de plus de 1,2 million d'habitants est publiée fin février 2021. Le devenir de 600 000 personnes vaccinées est comparé à autant d'individus non encore immunisés[2]. La réduction du

1. Dogan N. *et al.*, « BNT162b2 mRNA Covid-19 vaccine in a nationwide mass vaccination setting », *The New England Journal of Medicine*, 24 février 2021.

2. Mor S., « How Israël won the vaccine war ? », *Unherd*, 22 janvier 2021.

nombre d'hospitalisations est spectaculaire : 94% après deux doses, 57% après une dose, et, pour les personnes infectées malgré la vaccination, les formes sévères sont réduites de 92%. Comment ce résultat a-t-il été obtenu ? Le système de soins israélien est réglementé, et quatre caisses d'assurance maladie se partagent la couverture assurantielle de l'ensemble de la population. Le système est complètement numérisé, de la prise de rendez-vous au dossier médical en passant bien sûr par le carnet de vaccination. La même plateforme régule l'ensemble des rendez-vous pour les vaccins Covid comme pour les soins usuels. Par ailleurs, l'État israélien a payé les doses au prix fort, mais il s'est engagé également à fournir les données statistiques anonymisées au laboratoire Pfizer, principal laboratoire fournisseur de ce pays. Les études en population dans ce pays apporteront donc pour ce vaccin des données précieuses pour l'avenir.

Un système logistique conçu à l'avance a permis une distribution efficace. Si certains foyers de résistance à la vaccination ont pu être identifiés, parmi les juifs ultra-orthodoxes notamment, une stratégie très active sur les réseaux sociaux a été mise en place. À l'arrivée des premières doses, seul le critère d'âge (plus de 60 ans) est retenu pour la sélection des premières injections. Outre la simplification du système, le principe est de ne pas briser l'élan de la population vers la vaccination – cela suppose bien sûr d'avoir le nombre de doses suffisant. Les conditions d'approvisionnement ont été parfaitement organisées. Une économie très rigoureuse des doses est observée et le risque de pénurie internationale, suggéré dans les médias locaux, a davantage encore précipité la population vers les centres de vaccination. Reste à vacciner les enfants pour lesquels il n'y a pas encore d'autorisation des instances sanitaires, puis à surveiller l'évolution de la pandémie et l'apparition de variants, notamment.

En France, toutefois, ni l'engagement initial dans l'achat de doses, ni l'anticipation d'une logistique complexe, ni la simplification des stratégies de priorisation n'ont été comparables. Ceci permet de comprendre l'écart en avril 2021 entre la couverture vaccinale de l'État hébreu et celle de la France.

Saluons aussi la performance de l'Écosse qui utilise essentiellement le vaccin AstraZeneca[1]. Dès le 15 février, 35 % de la population générale est vaccinée, surtout des personnes âgées, et le recours à l'hospitalisation pour cause de Covid-19 est réduit de 94 %. La publication de ces chiffres incitera ce nombreux pays, dont la France, à utiliser ce vaccin pour les personnes de plus de 65 ans.

Dans l'Hexagone, la vaccination en EHPAD (Établissement d'hébergement pour personnes âgées dépendantes) est très bien accueillie et remporte un certain succès ; plus de 92 % des résidents sont vaccinés fin mars[2] malgré une certaine crainte initiale à propos des réticences des personnes âgées et de leurs familles. Toutefois, la baisse des hospitalisations attendue début avril se fait attendre, probablement du fait des variants qui touchent des patients plus jeunes. La saturation des réanimations ne sera pas uniquement résolue par « l'ouverture de lits »,

1. https://www.ed.ac.uk/files/atoms/files/scotland_firstvaccinedata_preprint.pdf

2. Données Santé publique France, 30 mars 2021.

idée reposant sur des éléments matériels, mais surtout sur des ressources humaines structurellement en déficit.

L'incertitude demeure donc devant une épidémie en perpétuelle évolution, de nombreuses surprises nous attendent encore, mais de nouveaux moyens de lutte, vaccins, médicaments, compréhension de l'écologie et du fonctionnement des virus pourront, espérons-le, nous permettre de retrouver une vie normale.

8

Comment agir ?

Après l'analyse de tous ces éléments diagnostiques, après l'étude des personnalités opposées à la vaccination, leur influence sur l'hésitation vaccinale et la façon dont les messages opposants sont diffusés, il nous faut réfléchir aux moyens dont nous disposons pour agir, c'est-à-dire pour convaincre. Une fraction de résistants à la vaccination, installée dans une idéologie antisystème, n'est pas accessible aux arguments objectifs. Leur nombre n'est finalement pas si important, et il faut donc s'intéresser aux hésitants. Ceux-ci, en revanche, sont de plus en plus nombreux, et cette évolution doit amener à une réflexion, à une remise en cause des modèles de communication utilisés jusqu'à maintenant. Nous avons pu observer, ces dernières années, plusieurs initiatives intéressantes qui peuvent être citées en exemples.

Peut-on mieux communiquer ?

Le premier levier est sans doute celui de la communication. Les moyens de la communication, sur Internet en particulier, sont très différents entre les sites institutionnels et ceux des groupes antivax. Les messages émis par les institutions diverses, sociétés savantes, autorités sanitaires, organes de presse conventionnelle ont souvent pour effet de produire des polémiques et n'atteignent pas leurs objectifs de renforcement de la confiance. Cette question a été étudiée par Cyril Drouot, enseignant-chercheur en sciences de l'information et de la communication à l'université de Nice Sophia-Antipolis[1]. Ce travail a permis de comparer les éléments de communication *online* (sur Internet) et *offline* (en dehors du Net), mais également des contenus sensibles (émotion) et des contenus cognitifs (raison), valant schéma de départ pour l'analyse. Cela a fait l'objet d'une thèse[2] dont nous allons reprendre quelques éléments. Quatre cents communications ont été étudiées dont trois cents en provenance d'Internet, de pages Facebook en particulier. On distingue, d'un côté, celles rédigées par des « experts », c'est-à-dire les acteurs scientifiques (médecins, chercheurs), politiques (ministres de la Santé, chargés de communication en Santé publique) et journalistes « spécialistes » (dans des revues scientifiques ou institutionnelles), et, de l'autre côté, celles rédigées par

1. Drouot C., « La communication vaccinale online : analyse de corpus entre raison et émotion », *Revue française des sciences de l'information et de la communication* [online], 14 | 2018.

2. Drouot C., « Croyances, usages discursifs et éthiques en communications sur la vaccination contre les papillomavirus humains. Hésitation, défiance, confiance, prudence, utilité... décidément une lutte toute en contrepoints », thèse en sciences de l'information et de la communication, université Côte d'Azur, 2018.

des « proto-experts/non experts », c'est-à-dire les acteurs médiatiques associatifs (membres de ligues antivaccinales, d'associations de soutien aux victimes), indépendants (étudiants, parents, malades, citoyens engagés pour la cause...), journalistes « généralistes » (presse *people*, sportive). Selon Cyril Drouot, les premiers sont plutôt favorables à la vaccination alors que les seconds y sont plutôt opposés et sont responsables de plus de 76 % des publications.

Il en résulte que les messages *offline* transposés sur Internet par les « experts » et sur l'Internet de la santé « n'agissent plus suffisamment sur le comportement du plus grand nombre des récepteurs exposés à diverses stratégies de l'émotion discursive ». En d'autres termes, ils ne touchent pas leur cible. L'émotion, dans l'agencement stratégique de ces messages, est de nature à parasiter la rationalité des informations de mise en confiance.

Pour exemple, on peut citer les messages concernant de jeunes enfants, victimes supposées d'un vaccin, photographiés sur un lit d'hôpital. Le poids émotionnel de ces tweets est sans commune mesure avec un communiqué de presse de la Haute Autorité de santé (HAS) ou du Centre pour le contrôle et la prévention des maladies (Centers for Disease Control and Prevention – CDC).

Pourquoi ne pas écouter la parole de patients atteints de maladies qui auraient pu être évitées par la vaccination ? On peut évoquer ici en exemple le magnifique court-métrage *Lady Ganga*[1], réalisé en Californie, qui raconte l'histoire d'une Américaine de 42 ans atteinte

1. https://www.ladyganga.org

d'un cancer du col de l'utérus d'emblée métastatique. Trop occupée par sa vie professionnelle et familiale pour faire des frottis, elle comprend, mais trop tard, l'intérêt de la prévention. Elle décide alors de médiatiser sa fin de vie et d'utiliser ce support pour, après sa mort, promouvoir la vaccination et le dépistage contre les maladies HPV dépendantes. Amoureuse de l'Inde, elle fait répandre ses cendres dans le Gange et finance des campagnes de prévention dans les provinces reculées du Tibet. Cette courte vidéo, empreinte d'émotion, est en accès libre et a certainement plus d'impact que bien des circulaires de nos autorités sanitaires.

En Irlande, Laura Brennan, elle aussi touchée par un cancer du col, fait une démarche similaire en exposant sa maladie sur Twitter et sur Instagram. Elle a 26 ans lorsque ce cancer est diagnostiqué. Dès la fin de son traitement initial, elle fait une récidive incurable et décède un an plus tard. Dans ce court laps de temps, elle communique sur les réseaux sociaux et laisse une vidéo qui sera présentée lors de ses obsèques et qui deviendra virale[1] sur la Toile. En mémoire de Laura, sa famille reprend le flambeau de la promotion de la vaccination HPV et s'exprime en son nom.

On peut également citer l'exemple d'Ethan Lindenberger. Cet adolescent décide à l'âge de 18 ans de se faire vacciner, contre l'avis de sa mère. Il reçoit donc les vaccins contre la rougeole, l'hépatite B et le papillomavirus, mais aussi les vaccins pédiatriques usuels. Les

1. Simon Bouvier, *Un vaccin aurait pu lui sauver la vie*, Arte, 2020.

relations avec sa mère restent bonnes, selon lui[1] ; il ne lui reproche rien mais est très critique à l'égard des sites anti-vax et des réseaux sociaux qui ont convaincu sa mère de ne pas avoir recours aux vaccins par le biais d'« anecdotes » et non d'« études rigoureuses ». À l'échelon individuel, il faut être capable d'entendre cette mère de famille, sans l'étiqueter comme « mauvaise mère ». Elle est en effet convaincue de faire au mieux pour son enfant. Le but est de lui faire comprendre les enjeux de la vaccination sans la blâmer, comme le souligne Ethan. Ce dernier devient une icône de la vaccination et sera entendu par le Sénat américain[2] en 2019. Sa requête : l'émancipation des adolescents qui veulent se faire vacciner contre l'avis de leurs parents.

En France, les associations de patients touchés par ces maladies à prévention vaccinale doivent être écoutées et soutenues. Pourquoi ne pas leur proposer de participer aux campagnes de communication ? Les messages institutionnels faits de statistiques et de données scientifiques sont indispensables, ils constituent des références mais doivent être complétés. Ces patients porteurs suscitent la bienveillance et l'empathie. Laissons-leur la parole !

Mais revenons à l'analyse des messages en ligne, le rôle du journalisme scientifique est précisé par Cyril

1. Edward Helmore, « "I defied mother to get vaccinated for safety of me and others", US teen says », *The Guardian*, 5 mars 2019.

2. « Vaccines Save Lives : What Is Driving Preventable Disease Outbreaks ? », U. S. Senate Committee on Health, Education, Labor & Pensions, 5 mars 2019.

Drouot[1]. C'est la fonction des médias d'expliquer que la science n'est pas forcément intuitive. Expliquer par exemple la différence entre corrélation et causalité, décoder les *fake news* sur des sujets que les journalistes plus généralistes considèrent abscons. Ne pas se contenter, comme le souligne Olivier Dessibourg[2], journaliste scientifique, de « copiés-collés de communiqués de presse scientifiques ».

Expliquer aussi que, si Big Pharma, l'industrie du vaccin, a pu faire des erreurs, comme l'explique Lise Barnéoud[3], auteur du livre *Immunisés ? Un nouveau regard sur les vaccins*, elle a aussi permis de sauver des millions de personnes. Expliquer que de nombreux laboratoires se sont désengagés du vaccin devant la multiplication des contraintes réglementaires, la complexité et les coûts de leur production. Expliquer, c'est-à-dire jouer le rôle de média, ce rôle d'interface entre l'information et le public.

À l'échelon individuel, la difficulté à convaincre les parents d'enfants à vacciner (ou les adultes) est un des problèmes rencontrés par les professionnels de terrain. Des solutions existent pour faciliter cette approche. Face

1. Drouot C., « Croyances, usages discursifs et éthiques en communications sur la vaccination contre les papillomavirus humains. Hésitation, défiance, confiance, prudence, utilité... décidément une lutte toute en contrepoints », thèse citée.

2. Dessibourg O., « Pourquoi il faut miser sur le journalisme scientifique », Méta-Media, 17 décembre 2018.

3. Barnéoud L., *Immunisés ? Un nouveau regard sur les vaccins*, Premier Parallèlle, 2017.

à une ambivalence, on peut utiliser la technique de l'entretien motivationnel[1]. Il s'agit d'une approche centrée sur la collaboration et la compassion. Le professionnel laisse le patient s'exprimer dans une relation d'égal à égal. Il adopte une attitude positive et empathique pour renforcer l'autonomie et amène le parent à s'engager dans la relation. Les questions doivent être ouvertes et associées à une écoute réflexive, valorisant les points positifs des réponses. En reformulant certaines affirmations, on peut alors proposer au patient de compléter les réponses, lui demander comment il reçoit l'information. Dans le respect des convictions personnelles de son interlocuteur, il est ainsi possible de cibler ses préoccupations et de l'amener, par des évocations, à s'approprier les arguments du changement[2]. Cette méthode a été instaurée au Canada par le Pr Arnaud Gagneur. Ce pédiatre de l'université de Sherbrooke, d'origine française, met en place en Estrie, province du sud du Québec, un protocole de recherche dénommé Promovac[3]. Il s'agit, au sein de la maternité de l'hôpital de Sherbrooke, de proposer à chaque nouvelle accouchée, pendant son séjour à la maternité, un entretien avec un soignant formé, mais ni médecin ni vaccinateur ;

1. Berthiaume P., Fortier D., « L'entretien motivationnel », *Perspectives infirmières*, avril 2012.

2. Gagneur A., « L'entrevue motivationnelle : un outil particulièrement efficace pour atténuer la réticence à la vaccination », *Relevé des maladies transmissibles au Canada*, n° 4, vol. 46, 2 avril 2020.

3. Bouchard M.-C., « Une approche humaine de la vaccination », *La Tribune*, 9 avril 2020.

c'est d'un entretien de type motivationnel abordant les premières vaccinations à venir du nouveau-né. Les résultats sont d'emblée impressionnants, le protocole est étendu à l'ensemble de l'État du Québec. Des études randomisées en confirment l'intérêt, l'hésitation vaccinale baisse d'environ 40 %[1]. Mieux, la couverture vaccinale des vaccinations du premier âge (2 mois) augmente de 3 à 8 %[2], ce qui est considérable pour ces vaccins déjà administrés à plus de 80 % des jeunes enfants. Les entretiens sont réalisés par des infirmières ayant reçu une formation de deux jours à l'entretien motivationnel[3]. Cette technique éprouvée ne nécessite qu'une formation assez simple des professionnels, pourquoi ne pas l'utiliser en France ?

Il est démontré que la décision de se faire vacciner ou de vacciner son enfant est fortement influencée par les professionnels de soins, et le médecin traitant en particulier. Mais la décision doit être mûrie. Il faut laisser le temps de la réflexion et s'inscrire dans la durée,

1. Gagneur A. *et al.*, « Promoting vaccination in maternity wards – motivational interview technique reduces hesitancy and enhances intention to vaccinate, results from a multicentre non-controlled pre- and post-intervention RCT-nested study », Québec, mars 2014-février 2015, Euro Surveill. 2019 24 (36).

2. *Id.*, « A post-partum vaccination promotion intervention using motivational interviewing techniques improves short-terme vaccine coverage », Promo Vac Study. *BMC Public Health* 18, 811 (2018).

3. *Id.*, « A complementary approach to the vaccination promotion continuum: An immunization-specific motivational-interview training for nurses », *Vaccine*, 6 mai 2019, 37 (20) : 2748-2756.

comme c'est le cas pour l'entretien motivationnel. Pour le vaccin HPV par exemple, une étude[1] démontre que les parents préfèrent souvent décider de la vaccination après un temps de réflexion, hélas parfois peu compatible avec les emplois du temps surchargés de nos médecins généralistes et pédiatres. Toujours est-il que l'acceptation vaccinale ne peut se concevoir que dans la durée d'une relation médecin-patient basée sur la confiance.

À côté des initiatives d'entretien motivationnel ou de facilitation de l'accès aux vaccins, d'autres actions doivent être envisagées. Si les soignants sont actifs sur le terrain, les experts doivent s'impliquer aussi dans l'amélioration de la confiance vaccinale. Beaucoup de scientifiques ne sont pas prêts à prendre en compte cette nécessité.

Le paradoxe d'Olson

Pourquoi les spécialistes ne sont-ils pas plus présents dans ce dialogue sur les doutes qui entourent le monde du vaccin ? Pour Gérald Bronner, il s'agit du paradoxe d'Olson, c'est-à-dire la stratégie du « laisser faire les autres »[2]. Dans un grand groupe réuni autour d'un intérêt

1. Kornides M. L., McRee A.-L., Gilkey M. B., « Parents who decline HPV vaccination: who later accepts and why? », *Academic Pediatrics*, mars 2018, 18 (2S) : S37-S43.

2. Bronner G., *La Démocratie des crédules*, *op. cit.*

commun, les individus qui le composent ont la capacité d'agir collectivement. Ils ne le font pas car ils espèrent que d'autres s'engageront à leur place et ainsi n'auront pas à s'investir. Comme l'a écrit l'économiste Mancur Olson, renommé pour ses travaux sur le mode de mobilisation des divers groupes animant la vie économique et politique : « Les grands groupes peuvent rester inorganisés et ne jamais passer à l'action, même si un consensus sur les objectifs et les moyens existe[1]. » En d'autres termes, la communauté d'intérêts ne suffit pas pour déclencher l'action. En revanche, dans les petits groupes plus militants, l'individu ne se repose pas sur le collectif, et donc l'action du groupe est plus efficace.

À l'échelle de l'hésitation vaccinale, on décline ce principe en constatant que les experts, médecins, scientifiques, industriels et pouvoirs publics ne consacrent pas beaucoup d'énergie à la lutte contre le mouvement antivax. Occupés à d'autres tâches jugées plus importantes, recherche, activité de soin, business, ils oublient de traiter ce problème de la résistance à la vaccination. Dans le passé en tout cas, le scepticisme à l'égard du vaccin a été considéré comme négligeable, et le combat laissé à d'autres. Et, de fait, l'opposition à la vaccination, formée de groupes plus petits, est très active et ne trouve pas de « contradicteurs pour occuper le marché de l'offre cognitive[2] ». Tous les professionnels impliqués

1. Olson M., *Logique de l'action collective*, Presses universitaires de France, 1987.

2. Bronner G., *La Démocratie des crédules*, *op. cit.*

dans la vaccination doivent être conscients que chacun a un rôle dans l'information. Les experts à tous les niveaux, chercheurs, scientifiques, médecins, décideurs, soignants, doivent s'approprier le travail d'argumentation. Encore faut-il qu'ils soient formés à cela. Les médecins, dans leur formation initiale, ont très peu de temps consacré aux vaccins. L'aspect sociologique n'est pas enseigné, et ce volet n'est pas beaucoup abordé non plus en formation continue. Cela laisse donc une marge de progression majeure ; l'effort à fournir dans ce sens, s'il est important, se justifie par l'importance du sujet. Rappelons que l'OMS a répertorié l'hésitation vaccinale comme une des principales menaces à la santé mondiale[1].

Qu'est-il possible de faire contre la désinformation sur les réseaux sociaux ?

Un des principes fondamentaux d'une société démocratique est la liberté d'expression, ce qui exige de laisser s'exprimer toutes les opinions, même extrêmes. Les réseaux sociaux ont élargi cette liberté, et aucune censure n'est envisageable. Toutefois, la régulation de la désinformation est devenue urgente. Le législateur lui-même semble parfois en grande difficulté. En 2020, le CSA (Conseil supérieur de l'audiovisuel) publie un

1. https://www.who.int/fr/emergencies/ten-threats-to-global-health-in-2019

rapport consacré à l'application de la loi du 30 juillet 2018 sur la manipulation de l'information[1,2].

On constate que des dispositifs de signalement des fausses informations sont assez largement mis à disposition sur les réseaux – des comptes responsables de ces informations sont régulièrement supprimés. Mais il n'y a toujours pas de transparence sur les modalités de cette régulation – les algorithmes que nous avons évoqués plus haut restant confidentiels.

Pourtant, la modération sur le Net en tant que telle est une proposition intéressante. L'OMS, par exemple, en collaboration avec le Royaume-Uni, a mis en place une page sur son site[3] avec les liens nécessaires pour signaler les informations erronées ou mensongères sur chacune des grandes plateformes de réseau social.

Facebook embauche des milliers de modérateurs en sous-traitance[4], dans le but d'éviter de servir de relais mondial à la violence et au racisme. L'idée est également de lutter contre la désinformation, les messages de haine et de manipulation. Il y aurait environ 30 000 modérateurs dans le monde qui œuvrent dans ce sens. L'effort est notable, mais certains contestent

---

1. « La propagation des fausses informations sur les réseaux sociaux : étude de la plateforme Twitter », Conseil supérieur de l'audiovisuel, 25 novembre 2020.

2. Piquart A., « Loi "fake news" : le CSA veut davantage de transparence des réseaux sociaux », *Le Monde*, 30 juillet 2020.

3. « Comment signaler les informations erronées en ligne », Organisation mondiale de la santé.

4. « Des modérateurs de Facebook veulent être écoutés par le réseau social », AFP/*Le Figaro*, 26 octobre 2020.

leur manque d'indépendance[1]. L'entreprise de Mark Zuckerberg promet en février 2021 de supprimer les affirmations mensongères comme par exemple : « [le virus du Covid-19] est produit en usine ou fabriqué par l'homme », ou que le port du masque n'est pas efficace pour empêcher la contamination. Facebook effacera également les messages affirmant que « les vaccins sont toxiques, dangereux, ou provoquent l'autisme[2] ». Les comptes récidivistes pourraient être supprimés et un avertissement a été publié sur 167 millions de messages trompeurs. De plus, le géant du Web offre aux autorités sanitaires et aux associations de promotion de la vaccination et de la prévention des espaces publicitaires sur ses pages pour une valeur de cent millions d'euros.

Twitter, habituellement peu préoccupé par la modération[3], est pointé du doigt à ce sujet. En France, des voix s'expriment pour reprocher à la plateforme de Jack Dorsey de ne pas filtrer les messages à contenus haineux. Mais, outre-Atlantique, certains républicains se plaignent de voir leurs comptes censurés[4]. Le compte du président des États-Unis Donald Trump est même clôturé pour les raisons que l'on sait – cet acte de fermeture de son compte a donné lieu à des débats très polémiques sur la liberté d'expression – et cela en augurera sans doute

1. *Ibid.*

2. Leloup D., « Facebook durcit ses règles de modération contre les intox sur la vaccination », *Le Monde*, 8 février 2021.

3. « On pourrait imaginer un contre-pouvoir citoyen aux GAFAM », entretien avec Samuel Laurent, *Le 1*, art. cité.

4. Kahn S., « Trop laxiste ou trop zélé, Twitter entre des feux sur la modération », *Le Figaro*, 19 octobre 2020.

d'autres. Cependant, alors que le Sénat américain auditionne les responsables des principaux réseaux sociaux pour trouver une difficile régulation à cette modération, des réseaux alternatifs de plus en plus actifs accueillent les exclus des réseaux *mainstream*.

TikTok, réseau social chinois s'adressant à un public jeune, promet en décembre 2020 de créer un « centre d'information sur les vaccins » dans le contexte de l'épidémie de Covid-19[1].

Sur ces plateformes, les comptes supprimés finissent très souvent par réapparaître plus tard sous des noms différents, ce qui pose alors la question de l'anonymat sur Internet – là aussi sujet à débat.

Ces questions préoccupent l'ensemble de la classe politique internationale et sont évoquées au plus haut niveau de responsabilités, mais il ne faut pas négliger l'aspect financier de ce dossier. En effet, les polémiques sur le Net ont pour effet d'augmenter l'audience et donc le profit des réseaux : c'est leur modèle économique[2]. Aucune surprise donc à voir les GAFAM traîner des pieds pour mettre en œuvre une quelconque modération.

Au-delà de la régulation, quel est l'impact des réseaux sociaux sur les médias conventionnels ? Il est curieux d'observer à quel point certains journalistes, décideurs politiques, intellectuels divers sont d'une béatitude totale

---

1. Mastrandreas S., « Covid : comment TikTok veut s'attaquer aux "fake news" sur les vaccins », *Les Échos*, 19 décembre 2020.
2. « On pourrait imaginer un contre-pouvoir citoyen aux GAFAM », entretien avec Samuel Laurent, *Le 1*, art. cité.

devant ces monstres devenus incontrôlables. Leur rôle ne serait-il pas plutôt de reprendre la main sur l'analyse de l'information en proposant une véritable expertise qui pourrait se nourrir... en dehors de ces réseaux ?

Le maintien de l'argumentation contradictoire est essentiel. Les recherches en psychologie montrent que le débat est productif et que les arguments contre les *fake news* peuvent faire changer d'avis des individus à l'allure pourtant convaincue[1].

C'est pourquoi il faut citer des initiatives comme celle de Joe Smyser qui dirige le projet non lucratif The Public Good Projects (PGP) ayant pour objet la surveillance des réseaux sociaux dans la lutte contre le tabac puis contre l'antivaccinisme. Smyser propose de recruter des volontaires pour lutter contre le *swarming*. Il s'agit d'une technique utilisée par les antivax pour encercler les messages des partisans de la vaccination, dans un « essaim » d'autres messages hostiles. En installant une contre-communication, ces volontaires peuvent répondre aux infox et ne pas laisser s'installer des notions fausses sur les réseaux, comme cela a été expérimenté dans l'Idaho en 2020[2]. À Boise, capitale de cet État, une équipe de soignants a pris d'assaut les plateformes de médias sociaux avec des messages positifs sur les vaccins en utilisant des hashtags comme #DoctorsSpeakUp, #NursesSpeakUp, #ResearchersSpeakUp, #ParentsSpeakUp et #Teachers

1. Chevallier C. et Mercier H., « *Fake news* : argumentez, il en restera quelque chose », *Cerveau & Psycho*, n° 98, mars 2018.

2. Hoffman, J., « A Call to Arms: Under Attack, Pro-Vaccine Doctors Fight Back », *The New York Times*, 10 mars 2020.

SpeakUp. Des chercheurs du Center for Research on Media, Technology, and Health de l'université de Pittsburgh, qui analysaient le trafic, ont noté que le hashtag #DoctorsSpeakUp avait été retweeté plus de cent mille fois en vingt-quatre heures. Le groupe « Shots Heard » a été créé et compte actuellement plus de six cents volontaires dans le monde entier qui se consacrent à la lutte contre les messages antivaccins en ligne.

Quel que soit l'impact de ce projet, on retient l'intérêt de ne pas laisser le champ libre à une expression débridée de fausses nouvelles. Mais cette présence sur les réseaux sociaux reste fragile car elle repose sur des volontaires bénévoles et sur des soignants occupés par des activités très prenantes. Il ne faut donc pas éclipser les autres actions possibles.

L'accessibilité, la simplicité

Des opérations de santé publique sur l'environnement de la population sont essentielles pour améliorer les couvertures vaccinales. Valentine Campana, dans le *Bulletin épidémiologique hebdomadaire* (BEH) de Santé publique France, en propose quelques-unes[1].

L'accessibilité financière reste indispensable, rappelons que les vaccins ne sont toujours pas tous remboursés à 100 % par l'assurance maladie, c'est le cas entre autres du vaccin HPV qui n'est remboursé qu'à 65 %.

1. Campana V., Cousin L., Terroba C., Alberti C., « Interventions permettant d'augmenter la couverture vaccinale du vaccin contre les papillomavirus humains », art. cité.

Il faut également travailler sur l'accessibilité géographique. La démographie médicale, on le sait, est préoccupante sur certains territoires, et les médecins traitants au cœur de la prévention sont parfois difficiles à trouver. En ville, à l'exception du vaccin contre le Covid-19 en cette période de pandémie, les généralistes ne disposent pas au cabinet de doses de vaccins. Il faut donc un rendez-vous pour la prescription, un autre pour l'injection. La disponibilité de doses sur place pourrait être déployée tant en pharmacie qu'en cabinet de médecine de ville, et élargie à d'autres types de vaccins. Dans un passé récent, la vaccination antigrippale en pharmacie a montré un impact très positif sur la couverture vaccinale[1]. Pourquoi ne pas associer ces actions ?

Au-delà des pharmacies et des cabinets médicaux, la vaccination peut être proposée dans d'autres dispositifs.

En Europe, les pays qui ont mis en place des programmes de vaccination scolaire ont de meilleurs taux de couvertures vaccinales. Cela n'est bien sûr en aucun cas synonyme de vaccination obligatoire et s'inscrit dans une complémentarité avec la médecine de ville ; mais certaines familles ont de véritables difficultés logistiques pour accéder aux vaccins, et cela permet de simplifier le processus[2]. L'adhésion de certains parents n'est pas toujours aisée à obtenir. En milieu scolaire, le recueil du

1. Godeluck S., « Grippe, coronavirus, les pharmaciens prêts à vacciner davantage de Français », *Les Échos*, 2 septembre 2020.

2. Perman S. *et al.*, « School-based vaccination programmes: a systematic review of the evidence on organisation and delivery in high income countries », *BMC Public Health*, 14 mars 2017, 17 (1) : 252.

consentement pourrait être formalisé de façon simple et claire, exigeant des pouvoirs publics une réflexion en profondeur sur ce point.

En collectivité, la réflexion pourrait aussi porter sur la vaccination sur le lieu de travail. On pense bien sûr en priorité aux soignants, mais aussi aux personnels du monde médico-social ou en relation avec des enfants. Plus généralement, les services de santé au travail (SST) ont explicitement une mission de prévention[1]. Pourquoi ne pas y inclure la vaccination ? La réglementation française évoque tout cela[2] et précise même les modalités d'accès à la vaccination Covid pour les travailleurs salariés. Quelques expériences ont déjà été mises en place. On peut espérer que cette pratique puisse s'étendre.

Par ailleurs, la recherche interventionnelle en santé des populations (RISP) propose quelques options pour faciliter la prise de décision[3]. Soutenu financièrement par diverses institutions, l'Aviesan (Alliance nationale pour les sciences de la vie et de la santé), l'Inca (Institut national du cancer), l'IReSP (Institut de recherche en santé publique), l'Inserm (Institut national de la santé et de la recherche médicale), l'ANRS (Agence nationale de recherche sur le VIH-sida et les hépatites virales), ce type de recherche s'inspire des travaux canadiens en

1. https://travail-emploi.gouv.fr/emploi/emploi-et-handicap/prevention-et-maintien-dans-l-emploi/services-de-sante-au-travail-sst

2. https://www.service-public.fr/particuliers/vosdroits/F2366

3. Terral P., « La recherche interventionnelle en santé : divers engagements dans la production collaborative de connaissances », Open Edition Journals, 15 | 2018.

matière de santé publique marqués par une tradition à la fois plus collaborative et plus interventionnelle. Certaines actions ciblées sur le comportement de l'individu visent à faciliter son accès au vaccin. On peut citer les programmes de formation des professionnels de santé ou les interventions en milieu scolaire.

Il faut aussi insister sur les stratégies faisant intervenir des outils numériques adressant des informations personnalisées, par exemple le remarquable carnet de vaccination électronique (CVE) de mesvaccins.net[1] qui permet à chaque usager d'avoir un carnet de vaccination numérique dont la mise à jour est faite en collaboration avec le professionnel vaccinateur et qui permet des relances par mail, SMS, en cas d'oubli d'un rappel ou d'une vaccination obligatoire ou recommandée. Ces relances sont adaptées en temps réel aux mises à jour du calendrier vaccinal, et il est également possible d'utiliser la plateforme pour la pharmacovigilance post-vaccinale. On peut d'ailleurs être surpris que la campagne vaccinale contre le Covid-19 utilise un nouvel outil conçu pour l'occasion alors que le CVE est très performant. Une nouvelle plateforme même opérationnelle d'emblée, a nécessairement des difficultés de mise au point évitables en utilisant un dispositif ayant fait ses preuves. Il était inutile, au vu de la gravité et de l'urgence de la situation, de perdre du temps à concevoir une nouveauté.

Un carnet de vaccination électronique type CVE apparaît indispensable. Espérons qu'il soit mis en place dans des conditions simples, c'est-à-dire en évitant une

1. https://www.mesvaccins.net

couche supplémentaire du mille-feuille administratif encombrant patients et professionnels, il faut bâtir sur ce qui marche et surtout penser à la simplicité d'utilisation sur le terrain !

Y a-t-il une place pour un passeport vaccinal ?

De nombreuses vaccinations sont obligatoires ou recommandées. Le vaccin contre la fièvre jaune est exigé pour visiter certains pays d'Afrique ou d'Amérique du Sud. Les pèlerins se rendant à La Mecque sont obligés de se faire vacciner contre la méningite à méningocoque.

Pour le Covid-19, le sujet n'est pas d'actualité, car ce type de passeport ne se conçoit que dans le cadre d'une vaccination disponible partout et pour tous, ce qui n'est pas envisageable pour le moment, compte tenu de la pénurie actuelle de doses. Mais une forme de passeport sanitaire existe déjà, un test RT-PCR de moins de soixante-douze heures est en effet exigé pour tous les voyageurs s'ils veulent entrer sur le territoire français en provenance d'un pays de l'espace européen et pour de nombreux autres pays[1]. Le retour à une vie normale est très attendu, et de nombreux projets sont à l'étude avec un volet digital qui permettrait de lever les confinements

1. https://www.diplomatie.gouv.fr/fr/le-ministere-et-son-reseau/actualites-du-ministere/informations-coronavirus-covid-19/coronavirus-les-reponses-a-vos-questions (consulté le 23 mars 2021).

et autres couvre-feux[1]. Ce sujet soulève toutefois de nombreuses difficultés juridiques, éthiques, sociales et politiques. On pourrait effectivement craindre des polémiques sur le thème de la liberté individuelle ou de la discrimination, sans parler de la confidentialité des données.

En Israël, ce passeport existe déjà. Dans ce pays jusqu'alors leader de la vaccination contre le Covid, il permet l'accès aux salles de sport, aux musées, aux spectacles, mais est très contesté. Un système de passeports verts est en cours de déploiement mais des groupes antivax israéliens le comparent à l'étoile jaune que l'Allemagne nazie imposait aux Juifs[2]. Si l'exploitation du thème de la Shoah est inappropriée, on mesure la violence du débat qui surgit à l'idée d'un passeport vaccinal et qui fait irruption sur le terrain de l'émotion. On peut penser qu'en France une telle décision entraînerait également de violentes polémiques.

Espérons qu'un consensus puisse être trouvé pour éviter d'en arriver à de telles extrémités.

De nombreuses actions peuvent être engagées, la liste ci-dessus n'étant bien sûr pas exhaustive. Ce qui est certain, en revanche, c'est que les modalités actuelles d'information ne sont ni suffisantes ni adaptées, et qu'il est urgent de trouver de nouveaux dispositifs. La place des opérateurs de terrain, des patients, des familles

---

1. Faye O., Gatinois C. « Passeport vaccinal, "QR codes"... Emmanuel Macron réfléchit à une manière de "vivre avec" le Covid-19 », *Le Monde*, 25 février 2021.

2. « Des "antivax" comparent le passeport vert à l'étoile jaune – en Israël », *The Times of Israël*, 2 mars 2021.

devra y être élargie. Évoquons, en conclusion de ce chapitre, le travail[1] d'Avnika Amin et de Saad Omer, de l'université Emory d'Atlanta. Ces épidémiologistes étudient la théorie des fondements moraux, codes selon lesquels nous déterminons le bien et le mal. Contrairement aux parents sereins devant la vaccination, les hésitants se retrouvent dans des valeurs comme la « pureté/dégradation » et la « liberté/oppression ». Mais, surtout, cette étude montre que la réticence à la vaccination est liée aux émotions et que, en l'état, l'information ne fera pas changer d'avis les antivaccins.

---

1. Amin A. B. *et al.*, « How to understand, and help, the vaccine doubters », *Scientific American*, 6 mars 2018.

Conclusion

Comme nous l'avons vu, le mouvement antivax est protéiforme. Il commence dès le XVIIIe siècle, c'est-à-dire au moment de l'apparition des vaccins. Initialement mus par des principes religieux, les opposants à la vaccination ont aussi des motivations morales et sociétales. S'il n'est pas possible de faire un portrait-robot précis de l'opposant au vaccin, des traits communs se dessinent cependant. Sans être forcément et ouvertement revendiqués, la sélection naturelle et le malthusianisme restent encore des moteurs puissants. Ces courants de pensée se rapprochent d'une forme de naturalisme : tout ce qui vient de la nature est bon. La « bonne douleur », la « bonne grippe », la « bonne rougeole » et pourquoi pas une « bonne petite épidémie » sont autant d'expressions choquantes et éthiquement contestables, en particulier pour les soignants. L'exigence de liberté individuelle, le rejet de toute démarche altruiste et le refus de l'intervention de l'État sont des principes d'inspiration libertarienne, omniprésents chez ces militants antivax.

On comprend alors mieux pourquoi les vaccins ne peuvent échapper aux turbulences politiques et sociales.

La confiance dans la vaccination est en étroite corrélation avec la confiance de la population en ses institutions politiques mais aussi scientifiques. Il est d'ailleurs démontré que le vote populiste, d'extrême gauche comme d'extrême droite, est associé à l'antivaccinisme au travers du rejet d'une élite jugée corrompue[1]. À l'inverse, plus la confiance dans les institutions politiques est forte, meilleure est l'acceptation du vaccin. C'est pour cette raison que l'argumentaire scientifique seul ne pourra éteindre cette défiance.

Le débat sur la vaccination est toujours une excellente opportunité de perturbation sociale, et la campagne de vaccination contre le Covid-19 nous le démontre une fois de plus. La vaccination concerne toute la population, elle est soumise à une forte intervention des gouvernements qui la réclament, l'organisent, la régulent et la recommandent, ce qui en fait un sujet éminemment politique ; ajoutons l'intervention d'industriels, à la réputation souvent malmenée, et les ingrédients de la montée en puissance de la résistance à la vaccination sont réunis.

Cette défiance vaccinale est avant tout liée à une perte de confiance dans les institutions scientifiques[2], même si elle reste bien moindre que la perte de confiance dans le politique. Depuis le début de l'épidémie de Covid, la confiance des Français dans leurs experts a baissé de 20 %, ce qui est alarmant mais pas forcément inexplicable.

1. Bristielle A., « Vaccins : la piqûre de défiance », art. cité.
2. Merklet E., Loewen P. J., « Anti-intellectualism and the mass public's response to the Covid-19 pandemics », *Nature Human Behaviour*, OSF Preprints, 2021.

Une fois leurs hypothèses validées, les scientifiques sont rarement prêts au doute et n'accordent pas une grande attention aux réactions et aux mouvements sociétaux. Beaucoup d'entre eux estiment que le débat et la lutte contre le mouvement antivax ne font pas partie de leur champ de compétences.

Par ailleurs, les dissensions entre spécialistes, ou prétendus tels, relayées par les médias, ne reposent pas toujours sur de véritables controverses. Leur exploitation polémique à la recherche d'audimat relève du « démagogisme cognitif »[1], c'est-à-dire d'un type de discours qui promeut des points de vue intuitifs, souvent erronés[2]. Très souvent, les codes de compréhension, notamment les connaissances ou la méthodologie nécessaires pour appréhender des informations, ne sont pas à la disposition du grand public qui se laisse parfois abuser par des théories explicatives plus ou moins rocambolesques. Remarquons que le vrai et le faux se mêlent souvent dans le contenu de la désinformation. Des données réelles sont utilisées à mauvais escient, c'est le *cherry picking* que nous avons décrit, dimension délibérément abusive du sens critique. La crédibilité des *fake news* est ainsi renforcée. La dénégation par les experts s'appuie alors sur des analyses complexes parfois inaudibles.

Par ailleurs, la pseudo-rationalité de la théorie du complot apporte une réponse rassurante face à l'incertitude de la science. Pour renouer le lien entre science et

1. Bronner G., *La Démocratie des crédules*, op. cit.

2. Klein E., « Je ne suis pas médecin mais JE », Gallimard, « Tracts de crise », 31 mars 2020.

population, nos experts, portés par une humilité responsable, sauront-ils trouver la pédagogie nécessaire pour rassurer et convaincre en cette période d'incertitudes ?

Transmettre n'est en effet pas si simple. Informer un public inquiet nécessite certainement un très gros effort. D'autant qu'on peut se questionner sur le niveau des connaissances scientifiques de base de la population. L'esprit critique doit s'exercer, y compris sur un socle de principes fondamentaux.

Étienne Klein note la difficulté à partager la science et la tendance fort répandue à parler de sujets que l'on ne connaît pas. Les réseaux sociaux amplifient ce phénomène, et le physicien souligne le rôle « des formes modernes de la communication qui se transforment en une vaste polyphonie de l'insignifiance[1] ». Comment ne pas décliner cette observation à la vaccinologie, véritable science qui n'est jamais enseignée à l'école et très peu dans les facultés de médecine ; elle est l'objet de toutes les rumeurs, notamment sur Internet. Mais avons-nous les capacités de discernement nécessaires à l'analyse de ces informations ?

Au-delà de l'aspect purement biologique de la vaccination, nous devons examiner les aspects sociologiques nécessaires à l'objectif attendu d'immunité collective.

Les experts laissent à d'autres le soin de lutter contre l'opposition à la vaccination ; c'est le paradoxe d'Olson que nous avons évoqué précédemment. Cette théorie

1. Klein E., *Le Goût du vrai*, *op. cit.*

peut aussi s'exprimer par la notion de «passager clandestin[1]» : lorsqu'un individu espère bénéficier de l'effet collectif de la vaccination sans faire l'effort de se vacciner lui-même, il peut simplement attendre que d'autres en prennent l'initiative. En d'autres termes, si chacun, vacciné ou non, bénéficie à titre individuel du comportement collectif, a-t-il besoin de se faire vacciner ? Intérêt collectif et intérêt individuel s'opposent alors; cette problématique se retrouve au sein du mouvement antivax avec une forme de dérive libertarienne privilégiant l'individualisme au détriment de l'altruisme. Mais, dans nos sociétés post-modernes, les statistiques semblent démentir ces idées reçues. En effet, les jeunes sont tout autant altruistes que leurs aînés, si l'on en croit les enquêtes de valeurs (European Values Study)[2] réalisées depuis quarante ans. Cela permet de conserver un certain optimisme en ces moments d'inquiétude épidémique.

Ainsi, des initiatives remarquables doivent être soulignées. À l'échelon international, saluons le travail de Heidi Larson et de l'équipe de la London School of Hygiene and Tropical Medecine qui a créé en 2010 le Vaccine Confidence Project (VCP). Cette équipe multidisciplinaire fédère de nombreuses compétences dans un réseau mondial qui étudie la confiance vaccinale et fournit des informations aux décideurs en santé publique de la planète. Ces informations sont vérifiées, analysées

---

1. Youmni, A., «La vaccination généralisée otage de la théorie du passager clandestin», Mediapart, 6 janvier 2021.

2. Bréchon P. *et al.*, «La France des valeurs. Quarante ans d'évolution», Presses universitaires de Grenoble, coll. «Libres cours Politique», 2019.

et synthétisées grâce à un indice *ad hoc*, le Vaccine Confidence Index (VCI). L'évolution de cet indice depuis dix ans permet de suivre pays par pays cette confiance et mesure l'impact des différents dispositifs mis en place à travers le monde. En France, entre 2018 et 2019, la confiance s'améliore. Elle est assez élevée en général dans le monde ; elle peut toutefois être fortement perturbée par de petits groupes résistants. Elle est corrélée à la confiance dans les instances politiques. L'accessibilité à la vaccination, l'indifférence d'une partie de la population ne se sentant pas concernée par ce sujet participent aussi à l'hésitation vaccinale[1].

Des solutions existent-elles ?

Il faut appréhender toute la problématique de l'hésitation vaccinale pour espérer convaincre les hésitants. Des remises en cause profondes sur les méthodes de communication sont certainement indispensables, même si elles ne suffiront pas à faire changer d'avis les antivax.

Le contrôle de la désinformation est un sujet déjà ancien et fait l'objet de nombreuses initiatives qui doivent composer avec la liberté d'expression. Des questions peuvent se poser. Comment révéler la tromperie ? Pourquoi ne pas disséquer les théories du complot et démontrer leur absurdité ? Comment promouvoir le développement du

1. De Figueiredo A., Simas C., Karafillakis E., Paterson P., Larson H. J., « Mapping global trends in vaccine confidence and investigating barriers to vaccine uptake : a large-scale retrospective temporal modelling study », art. cité.

fact checking ? Comment améliorer la cohérence entre le discours scientifique et les stratégies opérationnelles ?

Cela passe évidemment par la régulation des réseaux sociaux. Facebook est né en 2004, puis de nouveaux venus ont occupé l'espace, Twitter, Instagram, TikTok, et beaucoup d'autres. Peut-on espérer qu'avec le temps et une forme de maturité on s'achemine vers une meilleure régulation du contenu des informations diffusées ? Karl Popper, philosophe des sciences, disait : « La société qui offre une tolérance sans limite risque d'être détruite par l'intolérant[1]. » C'est bien de limites qu'il s'agit[2]. Nos institutions arriveront-elles à mettre en place des outils de contrôle ? À les partager sur le plan international ? Cette problématique dépasse bien sûr le thème de la vaccination, mais l'enjeu autour du vaccin n'est peut-être pas si accessoire.

Le rétablissement de la confiance passe aussi par une démarche individualisée et concrète vers les parents hésitants et les adolescents troublés par une surinformation illisible. Rien ne remplacera l'écoute bienveillante de parents inquiets et réticents par un infirmier, une sage-femme ou une doctoresse. Ces hésitants doivent être respectés dans leur hésitation sans se sentir disqualifiés, il n'y a en effet pas de « mauvaise mère », comme le souligne Heidi Larson[3], ni de mauvais parent, d'ailleurs.

---

1. Popper K., *The Open Society and Its Enemies*, Routledge, 2012 (première édition 1945).
2. Fottorino É., « Poser les limites », *Le 1*, 17 février 2021.
3. Larson, H., « Pourquoi les rumeurs sur les vaccins se répandent et comment restaurer la confiance », TED, 2020.

Tous pensent faire au mieux pour eux-mêmes ou pour leurs enfants. Abordons-les donc avec patience, bienveillance et compréhension. Mais ne pourrions-nous pas améliorer la formation des soignants ? Comment structurer un parcours vaccinal sur le moyen et long terme ? L'intervention du seul vaccinateur est souvent insuffisante. Pourquoi ne pas s'inspirer des expériences canadiennes d'entretien motivationnel ? La sensibilisation et l'accompagnement sur la vaccination pourraient se faire tout au long de la vie.

Pourquoi ne pas réfléchir à des stratégies plus cohérentes plus lisibles, plus simples ? Les évolutions du calendrier vaccinal sont nécessaires au fil des évolutions scientifiques. Doivent-elles être si fréquentes ? L'accès au vaccin HPV, par exemple, doit-il faire l'objet de discriminations de genre, d'orientation sexuelle ?

La multiplication des obstacles à la vaccination n'est pas un mythe, la complexité administrative tellement répandue dans notre pays s'affirme toujours un peu plus. Elle existe depuis longtemps, et l'épidémie que nous connaissons aujourd'hui n'a pas apporté le choc tant attendu. Un outil comme le carnet de vaccination électronique qui a fait la preuve de son efficience ne pourrait-il pas être généralisé ?

Si la santé publique dépasse le cadre de la science, il est néanmoins essentiel de faire preuve d'une rigueur scientifique sans concessions. Les revirements de stratégie incessants ne sont-ils pas délétères et pénalisants pour l'efficience et la crédibilité ? Les professionnels de terrain risquent de se perdre en route, et pourtant ce sont eux qui sont la clé de voûte de la confiance vaccinale, ne l'oublions pas.

L'OMS en 2019 reconnaissait que l'hésitation vaccinale est une des dix principales menaces pour la santé dans le monde[1]. On mesure alors l'importance de l'enjeu. De nombreux exemples prouvent que l'épidémie de Covid peut être la source d'opportunités. La recherche scientifique sur le virus et les vaccins n'a jamais été aussi rapide, car, comme nous l'avons vu, aucun virus n'avait été séquencé aussi rapidement, aucun vaccin développé, et produit à cette vitesse. Les travaux en sciences sociales se multiplient, et les recherches en cours sont innombrables. Là aussi, comme nous l'avons souligné, la vaccination est un succès[2], en Israël, en Écosse, au Royaume-Uni, et la couverture vaccinale pour le vaccin contre le Covid est élevée ; en France également, les intentions de vaccination contre le Covid sont encourageantes. Toutefois, il nous faut maintenant transformer cette réussite au-delà du Covid. N'a-t-on déjà pas trop tardé à réfléchir sur le long terme, n'est-il pas temps de tirer les leçons de cette épidémie en faisant du vaccin une priorité et de bâtir, en cette période de crise, sur les immenses avancées des sciences ?

1. « Dix ennemis que l'OMS devra affronter cette année », Organisation mondiale de la santé, 2019.
2. Herzberg N., « Covid-19 : l'insolente réussite des vaccins », *Le Monde*, 8 mars 2021.

Remerciements

À Laura Zuili mon agent.

À Céline Thoulouze, directrice des éditions Plon, et à Marie-Laure Nolet, éditrice, pour leur confiance et leur relecture patiente.

À Jean-Christophe Rufin, Brigitte-Fanny Cohen pour leurs encouragements.

À tous mes amis, collègues ou relecteurs qui m'ont aidé et soutenu pour ce livre, ils se reconnaîtront : Vincent, Hervé, François, Philippe, Hervé, Marie, Maryline, Fabienne, Anthony, Jean-Marie et tous ceux qui ont été à mes côtés pendant ces mois d'écriture !

Table

Prologue 9

1. Au cours de l'Histoire... 13
2. ... et au fil des idées 47
3. Qui sont les antivax ? 79
4. Leurs arguments 117
5. Réseaux sociaux, *fake news*, complotisme et vaccination 137
6. L'aventure de la vaccination HPV 163
7. Un nouveau défi : la vaccination Covid 181
8. Comment agir ? 209

Conclusion 231
Remerciements 241

MIXTE
Papier issu de sources responsables
FSC® C003309

L'éditeur de cet ouvrage s'engage
pour la préservation de l'environnement
et utilise du papier issu de forêts gérées
de manière responsable.

Impression réalisée par CPI
en avril 2021

Imprimé en France
N° d'impression : 3043431